潮爷潮奶

打开老年安乐生活的N种方式

陈双奇 著

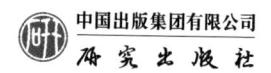

中国出版集团有限公司

研究出版社

图书在版编目（CIP）数据

潮爷潮奶：打开老年安乐生活的 N 种方式 / 陈双奇著 . -- 北京：研究出版社，2025. 5. -- ISBN 978-7-5199-1861-3

Ⅰ . C913.6

中国国家版本馆 CIP 数据核字第 2025C1C088 号

出 品 人：陈建军
出版统筹：丁　波
责任编辑：侯天保　杨　猛
责任营销：毛　欣
责任校对：杨芳云
责任印制：王宏鑫

潮爷潮奶：打开老年安乐生活的 N 种方式

CHAOYECHAONAI：DAKAI LAONIAN ANLE SHENGHUO DE N ZHONG FANGSHI

陈双奇　著

研究出版社　出版发行

（100006　北京市东城区灯市口大街 100 号华腾商务楼）
北京隆昌伟业印刷有限公司印刷　新华书店经销
2025 年 5 月第 1 版　2025 年 5 月第 1 次印刷
开本：880 毫米 ×1230 毫米　1/32　印张：11.25
字数：182 千字
ISBN 978-7-5199-1861-3　定价：59.00 元
电话（010）64217519　64217652（发行部）

版权所有·侵权必究
凡购买本社图书，如有印制质量问题，我社负责调换。

前 言

老年安乐学之我见

"生于忧患，死于安乐。"忧患能够使人发奋，安乐可能松懈斗志。逆境中求生，顺境中衰亡，这是生活的哲理，更是人生的辩证法。孟子的这句名言，对青壮年人来讲，是很好的警醒与激励，其积极意义毋庸置疑。但对已经奋斗过、奉献过的老年人来讲，追求安宁快乐的生存状态，努力提高生活质量，不断提升幸福指数，自然也是无可厚非。而这对于家庭的和谐、社会的稳定，乃至国家的长治久安则至关重要、意义非凡，因为"人民对美好生活的向往就是我们的奋斗目标"。

老年安乐学通过观察和研究老年人的思想和行为，旨在总结和推广老年人安宁并且快乐的生活态度和生活方式，促进老年人正确认识晚年、重拾生活信心、放飞

潮爷潮奶：打开老年安乐生活的N种方式

愉悦心情，爱自己、爱家庭、爱祖国，在追求美好生活的道路上快乐前行，让老年人的生活更有意思、更有意义、更加充实、更加幸福。

一、安乐心

清代名医石天基在《长生秘诀》中提出"养生六常诀"：常存安静心，常存正常心，常存欢喜心，常存良善心，常存和悦心，常存安乐心。石天基讲的安静心是指少欲，欲念少则不为外界所动，心情自然安宁；正常心是指行为符合常理，多正气，少邪念，以正胜邪；欢喜心是指随遇而安，经常保持乐观情绪；良善心是指与物无忤，为别人着想，多做利他之事；和悦心是指对人态度和蔼，处事平和愉悦；安乐心则是指在逆境中觅快意，在苦难中找乐子。

性格开朗、心情愉悦、随遇而安、知足常乐是长寿老人的共同特征。老年人最重要的是拥有一颗安乐心，精神清净，恬淡自守，胸怀豁达，笑对人生。日升日落，花开花败，谁也不能只少不老，谁也不能只盛不衰，老年人必须勇于面对衰老、善于面对衰老、乐于面对衰老，轻松平和、顺其自然、积极阳光地面对老年生活。

1. 舒缓疲惫之心

随着年龄的增长和身体的衰弱，老年人难免有心理空虚、生活乏味甚至悲观厌世之感，从而出现大脑皮层抑制、心理疲惫的现象。而激发内在生活兴趣、提高生活幸福感，则是克服消极心理的关键。离开工作岗位，难见老同事，难会老朋友，无所事事，心无所依。面对此情此景，我们必须调整心态，树立积极的老龄观，努力做一个热爱生活的人，走出小家庭，走进大自然，结交新朋友，学习新知识，确定新的生活目标，找到老年生活乐趣。

2. 放下得失之心

人生有太多的美好、太多的诱惑，但并非桩桩件件都如你所愿。人很容易因为得到而高兴，因为失去而伤心，许多东西的得失都无法控制，唯有自己的心我们可以把控。人到老年就应该放下过去，放下那些本不属于自己的东西，这是一种智慧，更是一种勇气。生活本来就是一个不断得到和失去的过程，唯有放下得失心，我们才能获得安宁与平静，才能成为快乐老人。

3. 常怀感恩之心

感恩是一种处世哲学，也是一种生活智慧。人生在世，心存感恩非常重要。老年人已经度过峥嵘岁月、见识世间兴衰荣辱，对人对事就应常存感激之情，常怀感恩之心。有感恩之心的老人既不会占别人的便宜，也不会亏欠别人。懂得感恩的老人，就能更多地感受到来自社会和家庭的关怀与温暖，就会更多地享受到生活的幸福和美好，进而心情舒畅、健康长寿。

4. 保持清静之心

人的痛苦，往往来源于心理的失衡。老年之养，最重要的在于养心，在于追求内心的自由与安宁。老人健康长寿的根本在于养心，而养心的关键在于清静。清静非常重要，如果心烦意乱，就很容易生病；如果心境清静，即使病了也能及时调养好。因为清静能够平衡心态，促进循环，增强免疫功效，调节身体机能。老年人保持清静之心，抛却世事纷扰，让心灵归于宁静，就会拥有快乐而安宁的生活。

5. 推崇审美之心

审美就是人们对事物之美的品味和鉴赏，个体审美能力的养成源于日常生活，学艺、习艺、赏艺，是提高老年人生活品位和情趣的首选。在抚琴、对弈、写写画画的过程中净化心境、陶冶情操；说说唱唱、蹦蹦跳跳，也能产生同样的效果；还可以习剑练拳、倚水垂钓、遨游书海、抒发情怀。通过这一系列活动，老年人沉浸在美妙的轻松娱乐、文体养老的氛围之中，兴奋、愉快油然而生；忧愁、烦恼也就烟消云散。美，使老年人愉快、满足；美，使老年人乐观、开朗；美，更能使老年人重新发现生活的美好与生命的崇高，客观看待疾病与生死，积极理解世界的变化，正确看待他人以及自身，让老年生活大放异彩。

二、安乐窝

北宋名士邵雍，一生"布衣躬耕""安贫乐道"，著作等身，拒绝做官，自号"安乐先生"，称自己的住所为"安乐窝"。其《安乐窝中四长吟》诗云："安乐窝中

潮爷潮奶：打开老年安乐生活的N种方式

快活人，闲来四物幸相亲。一编诗逸收花月，一部书严惊鬼神，一炷香清冲宇泰，一樽酒美湛天真。"在舒适、安逸的环境中，与诗、书、香、酒为伴，焚香而坐，研习诗书，浅酌低吟，岂不快活？

"天意怜幽草，人间重晚晴。"进入新时代，我国践行积极应对人口老龄化的"中国方案"，不断推动解决老年人养老、健康、精神生活、社会参与等方面的现实需求问题，努力满足亿万老年人对美好生活的新期待。离开工作岗位、回到家庭的老年人理应在这优越的外部环境中办好自己的事，建好自己的安乐窝，过上更加逍遥快乐的晚年生活。

1. 住得舒适

居住环境与老年人的身心健康息息相关。室内装修应当简洁、典雅，安全、实用最为重要。墙壁可选颜色柔和的新型涂料，也可贴上喜欢的壁纸、壁布，地面铺设地板或地毯，营造温暖、温馨、欢快、柔和的空间氛围。尽量不选可折叠或带滑轮的家具，样式应以低矮为主，靠墙摆放。地面、家具经常打扫，床上用品勤洗、勤晒。卧室最好坐北朝南、光线充足、通风良好、整洁干燥。三五平方米的阳台也能打造成一个小花园，若再挂上一只小鸟笼，真的就是鸟语花香、令人心旷神怡了。

2. 断得利落

崇尚节俭本是美德，但别做过了头。经历过物资匮乏年代的老年人，特别珍惜每一个物件，对那些饱含思念和回忆的东西，更是舍不得处理掉，以致家里阳台、房间及至衣柜顶上都堆满了杂物，既挤占空间，又带来安全隐患。其实，上了年纪的人，就应该做"减法"，给自己的身体和心灵留出空间和位置，别让自己的心被物欲充满，而无暇顾及眼前的美好与快乐。干净利落地抛掉那些吃不完、穿不尽、带不走的东西，开开心心地过好余下的每一天。

3. 吃得健康

老年人要保证各种营养素摄入充足，筑牢身体健康的基石，减少疾病，延缓衰老。由于消化器官、生理功能都有不同程度的减退，咀嚼功能和胃肠蠕动减弱，消化液分泌减少，老年人要食物多样、粗细搭配；多吃蔬菜、水果和薯类；常吃奶类、大豆或其制品；适量吃鱼、禽、蛋和瘦肉；减少烹调油用量，吃清淡少盐膳食；三餐分配要合理，零食要适当；足量饮水，合理选择饮料；吃新鲜卫生的食物；食不过量，保持健康体重；戒烟限酒。

4. 穿得漂亮

爱美之心人皆有之。设计师说："衣服是一种自我表达，穿什么暗示了你是个什么样的人。"老年人应当根据自己的外在条件和内心意愿打扮自己。衣服的风格不可与个人的气质冲突；衣服的颜色要显得有精神、有朝气，饱和度要高点，但不宜过于花哨，以稳重、端庄、儒雅、舒适为宜。专家研究表明，讲究穿着打扮，可使老年人充满活力、精神振奋、永葆蓬勃向上的力量；整洁美观的衣着，可以让人得到一种心理的快慰与满足，促使老年人容光焕发、青春永驻。

5. 玩得开心

老年人的生活往往是孤独寂寞的，丰富娱乐生活，让自己玩得开心，是提高生活质量的重要方式。要学会培养情趣，寻找乐趣，可以由着性子，可以花样翻新，如养花、养宠、种菜、种草、唱歌、跳舞、下棋、打牌、上网，等等。通过这些活动，平衡大脑思维，维护心理健康，促进新陈代谢，延缓身体衰老，提高适应能力，展现"最美不过夕阳红"的别样风采，让自己始终沉浸在老有所乐的幸福之中。有意思的娱乐活动可以让老年人感到自己还年轻，生活的乐趣还有很多，好日子才刚刚开始。

三、安乐行

赵朴初先生曾题过一副对联：百福庄严相，一心安乐行。"庄严相"就是清净相、气质相。内心充满光明，没有邪思邪念的人，浑身充满正气，就会呈现出"庄严相"。有"庄严相"的人一定福气多多，自然会一心一意、高高兴兴地为他人谋利益，进而达到外在庄严、内心安乐的境界。

"莫道桑榆晚，为霞尚满天"，那些已经进入老年时代，却仍然兢兢业业、奋斗不息的长者，都是有"庄严相"的人。他们"六十而再立"，甚至喊出"生命从八十岁开始"的响亮口号，"老骥伏枥，志在千里；烈士暮年，壮心不已"，积极参与到社会发展进步之中，既丰富了老年生活，也实现了人生最大价值。他们老有所

潮爷潮奶：打开老年安乐生活的N种方式

为，并乐在其中。

1. 科学家的坚守

由中国科学院退休研究员组成的老科学家科普演讲团，以弘扬科学精神、倡导科学思想、传播科技知识为己任。他们的平均年龄近70岁，坚持20多年，没有一个专职工作人员，没有办公地点，自己调度安排、联系接洽、准备课件，足迹遍及全国，奉上2.5万多场高水平科普报告，为800余万听众打开一扇感知科学、了解科学、通向科学的窗口。而曾在统计力学、粒子物理、场论、凝聚态物理等4个领域作出过13项重要贡献的诺贝尔奖得主杨振宁，百岁华诞之后，仍在为中国科学技术以及高等教育的发展呕心沥血、殚精竭虑。

2. 企业家的奉献

年逾古稀的"玻璃大王"曹德旺，曾获"改革开放40年杰出民营企业家""中国消除贫困捐赠奖"等荣誉。作为中国首善，他被人们称为"中国企业家精神的代表"。他曾经的梦想是，借鉴国外先进办学经验，捐出百亿元，创办福耀科技大学，培养国内高新产业急缺人才，解决"学术、论文、成果与转换的脱节"问题，让大学与企业融为一体,让大学的科技成果顺利转化为企业的发展动力。而志愿军老战士黄齐福,耄耋之年还坚守岗位,坚定而虔诚地构建他的"和谐企业"梦想。退休前,他是大刀阔斧的国企改革者,曾帮助几家亏损企业"起死回生"。退休后,他两次创业,依靠科技创新,打破国外药企的长期垄断,成为受人敬重的优秀民营企业家。

3.教育家的担当

年近百岁的人民教育家于漪是无数中国教师心中的偶像。从教70多年来,她深爱学生,痴迷语文教学,开设了近2000节公开课,培养了三代特级教师,写下了400多万字的论文专著,至今依然活跃在语文教学改革的第一线,"在讲台上用生命唱歌"。90多岁的全国中小学德育先进工作者叶连平,是一位农村小学教师,退休后在自家房子里开办了一个"留守未成年人之家",义务给孩子们辅导功课。30多年间,他省吃俭用,积攒40多万元,用于奖励好学生、资助贫困者,还组织学生外出参观旅游、开阔视野。他不顾年高体迈,倾尽心力用知识改变农村孩子的命运,被人们誉为余热生辉的"乡村烛光",而老人家则笑称自己只是一只"萤火虫"。

潮爷潮奶：打开老年安乐生活的N种方式

4.医学家的大爱

"非典"一役，年过花甲的钟南山誉满华夏。新冠疫情暴发，已经84岁的钟南山再次披挂上阵，并且敢医敢言，提出存在"人传人"现象，强调严格防控，领导撰写新冠感染诊疗方案，在疫情防控、重症救治、科研攻关等方面作出杰出贡献，荣获"共和国勋章"。与此同时，90岁的福州市鼓楼区军门社区老医生义诊服务队队长吕云娥常常背着药箱为居民服务，已经坚持了30年，累计出诊万余次，为患者垫付医药费16万余元、捐赠款物近20万元。这位17岁就自告奋勇救治志愿军伤病员的白衣天使，经常挂在嘴边的话是："为人民服务永无止境！"

5.艺术家的情怀

作为绘画界的大师级人物，年近九旬的范曾不仅创作了精美的作品，同时还是一位乐善好施的公益活动达人，在赈灾晚会及其他慈善活动中都有捐款的记录，累计数额已高达5亿多元。享年100岁的"人民艺术家"秦怡，曾经塑造很多经典的银幕形象。汶川大地震时，已经80多岁的秦怡慷慨解囊，将自己总存款23万元中的20万元捐给了灾区群众。他们在艺术殿堂上不断取得成功的同时，从来都没有忘记投身于慈善事业，对社会有着一份担当与责任。

四、安乐坊

北宋元祐四年，杭州瘟疫流行，时任知府苏东坡多方筹集资金，在城中心的众安桥头建起医疗场所，定名"安乐坊"，名医坐诊，药品廉价，深受百姓青睐。将治病救人之所称为"安乐坊"，揣测苏公之意，应该是想通过治疗和护理，不仅要为病人消除病痛，而且要为病人带来心理上的安宁；病人则应当乐观面对病情，积极配合治疗。千年之后，还是在杭州，市儿童医院新门诊大楼梦幻温馨的设计，让医院化身"游乐园"，驱散了儿童的就医恐惧。杭州人当是继承和发扬了苏公浪漫主义精神。

天津人也分别在肿瘤医院和儿童医院建立起"快乐营地"。原本四面白墙的病房焕然一新，卡通装饰的墙壁、电子琴、桌上足球游戏、绘本读物、图画用具、彩色桌椅等应有尽有。孩子们在这里唱歌、跳舞、画画、

潮爷潮奶：打开老年安乐生活的N种方式

玩游戏，充分享受着自由与快乐。这一方天地，不仅是治疗儿童身体疾病的诊所，也是丰富少儿病患精神生活的"欢乐世界"。老年人大多带病生存，跟医生打交道是常态，何不也把医院叫作安乐坊、把病房当作游乐场？像这些小朋友一样，将病痛抛到九霄云外，快快乐乐，逍遥自在。

1.意义疗法

对生命和生活意义的探索和追求是人类的基本精神需要。而一些人在患重病、绝症，或遭受生活挫折，年老孤独或环境剧变时，常常会表现出对生活的厌倦、悲观失望或无所适从。意义疗法在治疗策略上着重于引导患者重新寻找和发现生命的意义，树立明确的生活目标，以积极向上的态度来面对和驾驭生活：把精力集中到工作、家庭或个人兴趣和对社会作点贡献等方面；让生活丰富多彩，充满乐趣，与不安和恐惧进行斗争；树立正确的生死观，如果无法增加生命的长度，那就去追求生命的高度和厚度。

2.音乐疗法

音乐疗法以心理治疗的理论和方法为基础，运用音乐特有的生理、心理效应，使求治者在音乐治疗师的共同参与下，通过各种专门设计的音乐行为，经历音乐体验，达到消除心理障碍、增进身心健康的目的。70多岁的南京市民彭泽民抗癌30多年，创作近300首民歌，用音乐疗愈人生，他的《生命赞歌》已被南京市癌友康复协会确定为协会的会歌："坦然面对死神，誓与命运抗争……经受风雨历程……"

3. 快乐疗法

乐观的心态比药物治疗更重要，而消极的情绪往往会成为压垮生命的最后一根稻草。快乐疗法在欧美国家被称为"幽默疗法"，是近年来颇为流行的防治疾病的一种自我疗法。病人可运用一些特别的方法使自己振奋起来，从而让自己开怀大笑，获得康复的力量。比如，练习笑、讲笑话、听搞笑故事、看幽默节目、善于发现快乐、多和快乐的人在一起，讲开心的话，做开心的事，抛却烦恼和苦闷。

4. 体育疗法

体育疗法是一种医疗性的体育活动，是为了缓解症状或改善功能，根据伤病的特点进行全身或局部的运

潮爷潮奶：打开老年安乐生活的N种方式

动以达到治疗目的的方法。它根据患者的身体情况与疾病特点，选用适当的功能活动与运动方法对患者进行训练，以达到促进身心健康、预防和治疗疾病的目的。体育疗法对老年人平衡精神和心理状态、改善肌体的新陈代谢、增强神经系统机能的稳定性、防止器官功能下降、提高免疫力、延缓衰老以及加速病后身体机能的恢复都很重要。

5. 安宁疗护

安宁疗护，是指为疾病终末期或老年患者在临终前提供身体、心理、精神等方面的照料和人文关怀等服务，控制痛苦和不适症状，提高生命质量，帮助患者舒适、安详、有尊严地离世。当临床医生诊断，患者已处于临终期，现有医疗水平不可能使其痊愈时，经患者及其家属同意，可让患者接受安宁疗护，主要是针对患者的水肿、疼痛、大小便失禁等症状进行疗护，同时心理护理跟进，尽量给予患者精神上的安慰和照料，帮助患者平静地面对死亡，使他们安宁地度过人生的最后时刻。

五、安乐死

安乐死亦称"安死术",最早源于希腊文"euthanasia"一词,本义为"快乐死亡"或"尊严死亡";在牛津词典中的解释为"患痛苦的不治之症者之无痛苦的死亡;无痛苦致死之术"。直白地讲,安乐死就是指当一个患不治之症、濒临死亡的病人,由于不堪忍受疾病带来的痛苦而向医生请求无痛苦地结束生命;医生则依据病人及其家属的要求,基于人道主义精神,为免除病人的痛苦,利用医学手段加速病人死亡的一种方式。

全世界已有荷兰、瑞士、比利时、西班牙、加拿大、哥伦比亚等国以及美国和澳大利亚的部分地区允许安乐死。奥地利、意大利、英国、德国、日本、韩国等发达国家也已经为安乐死立法做了大量工作,有的近期可望达成目标。由于各种原因,包括中国在内的一些发展中国家对是否允许安乐死的争议比较大,但这并不妨碍有识之士积极推进安乐死合法化进程。

潮爷潮奶：打开老年安乐生活的N种方式

1.荷兰人的首创

2002年4月1日，荷兰议会在前一年4月通过的有关安乐死合法的"法案1号"生效，荷兰成为世界上第一个安乐死合法化的国家。根据这一法案，患有不治之症并且正遭受"让人无法承受的痛苦"折磨的患者可以申请安乐死，严格按照规定程序对患者实施安乐死的医生将不会受到起诉。该法案强调，在安乐死法律制度和实际运作中，医生发挥核心作用，立法和监管均系围绕医生法定义务展开，并对安乐死准备阶段、实施阶段和实施之后医生的具体任务都作了明确规定。其他国家安乐死立法工作从此有了可供参考的范本。

2.韩国人的态度

2018年2月1日，韩国正式实行《维持生命医疗决定法》(也称《尊严死法》)，即临终患者可以自己决定是否继续接受维持生命医疗的法律。该法确立了延命治疗中断的正当化，保护和尊重患者生命末期的决定，同时还保护了作为人的尊严与价值。紧接着，韩国国会提出了比停止"维持生命医疗"更进一步的《尊严死亡援助法案》。根据该法案，经受无法忍受的痛苦且无恢复可能性的疾病晚期患者,根据其本人意愿在主治医生的帮助下结束生命的行为被定义为"协助尊严死"。

3.澳洲人的贡献

澳洲人对世界安乐死运动的贡献主要有两点:一是1995年6月16日,澳大利亚北部地区议会通过世界上第一个"安乐死法"——《晚期病人权利法》,批准实行符合特定条件的安乐死,这比荷兰人早了6年。可惜的是,该法案生效9个月后,澳大利亚参议院即宣布将之废除。二是澳大利亚医生尼施克发明了"安乐死胶囊舱",它使死亡的舒适度变高,死亡的过程非常短,无须进行任何复杂的操作,为寻求安乐死的患者提供了"愉悦"的生命终结。

4.美国人的坚持

美国的安乐死运动可以上溯到19世纪末20世纪初。1938年,美国安乐死协会成立,1974年,更名为死亡权利协会。20世纪80年代,美国社会普遍认可"死亡权利"(消极安乐死)。90年代,美国安乐死运动进入第二阶段:倡导晚期病人有"尊严死亡"权利

（积极安乐死）——晚期病人有请求医生协助实施自杀的权利。到目前为止，美国已有俄勒冈、佛蒙特、华盛顿、蒙大拿、加利福尼亚等州成为安乐死合法化的地区。

5. 中国人的探索

早在1988年，全国人大代表严仁英就在议案中写道："生老病死是自然规律，但与其让一些绝症病人痛苦地受折磨，还不如让他们合法地、安宁地结束他们的生命。"1994年全国两会期间，广东32名人大代表联名提出"要求结合中国国情尽快制定'安乐死'立法"议案。1995年八届全国人大三次会议上，共计170位人大代表递交了4份有关安乐死立法的议案。1996年，上海市人大代表再次提出相关议案，呼吁国家在上海首先进行安乐死立法尝试。1997年，在首次举行的全国性"安乐死"学术讨论会上，多数代表拥护安乐死。2020年两会期间，发起的一项调查显示，82%以上的调查对象赞成安乐死，明确反对的比例只有4%左右。

六、安乐歌

有一首《老年安乐歌》写得好:"胸怀大度天地宽,名利不争,忍让为贤。无忧无虑享晚年,不是神仙,胜似神仙。"老年人在"神仙游"的同时还应该关注人生的最后一件大事——"身后事",为子孙后代留点精神财富也是人生一大快乐。

生前亲自安排自己的"后事",不少老人不忌讳、很开明。南京年近八旬的朱有才和十几位老伙伴一起在《生态节地葬意向约定书》上签了字,自愿选择死后生态安葬,回归自然,为子孙后代节约土地。还有一些老人忙着写自传,可能没有机会出版,但让后人知道自己的经历,把勤奋好学、努力工作、勤俭持家的好家风传承下去,也是一件非常有意义的事。更有境界很高、心怀大爱的老人,郑重承诺,死后捐献器官乃至遗体,为医学事业的发展作贡献,给急需帮助的人送去希望和幸福。

1.无语良师之歌

无语良师,也称大体老师,就是不说话的老师,是

潮爷潮奶：打开老年安乐生活的N种方式

在去世后才成了老师的人，特指遗体捐献者。这些遗体，真实地向从医者展现了人体的构造，是医学院学生学习生涯中第一次手术的对象。解剖课上，学生们总是先鞠躬，再宣读誓言。遗体捐献者以高尚的人格展现对自身、对社会乃至对自然的一种科学的态度和价值观，虽死犹生，虽死犹荣。

2.生态安葬之歌

生态安葬，是以节约资源、保护环境为价值导向，鼓励和引导人们采用不占或少占土地、少耗资源、少使用不可降解材料的方式安葬骨灰或遗体，使安葬活动更好地促进人与自然和谐发展。生态安葬的形式主要有壁葬、塔葬、草坪葬、树葬、花葬、骨灰海撒等。

3.快乐墓园之歌

罗马尼亚西部马拉穆列什县有一座快乐墓园，1000多块独特的墓碑上都有五颜六色的绘画，碑文全都以幽默的口吻陈述逝者的经历和感悟。那里虽是墓地却吸引了大批游客，到处充满欢声笑语。快乐墓园消除了墓地带给人的阴森恐怖之感，人们在这里欣赏宛如艺术品般的墓碑，同时获得了对于死亡的别样感悟和认知：死亡并非天生与痛苦相连,也可以是一件快乐的事情,也许代表着更美好的生活的开始。

4. 凡人自传之歌

有资格写自传的不只是名人,平凡人写自传更接地气。老年人写回忆录,不仅锻炼脑力、延年益寿,还为后世子孙留下宝贵的精神财富。从这个意义上说,老年人写自传就不仅仅是自娱自乐,更是一份责任。湖北鄂州88岁的胡茂平只念过几年私塾,也能用朴素的语言把生活中的点滴记录下来,希望把自己甘于奉献、安贫乐道的精神传承下去。90多岁的美国老人亨利,先"脱盲",然后历尽艰辛写成自传——《以一名渔夫的语言》,被康州和加州的几所小学列为学生阅读材料。

5. 家风传承之歌

"家风"一词,最早见于西晋时期。它蕴含了宗室长辈为人处世的哲学,也兼顾了社会风潮和公平正义,有很强的"法规"性。家风是一个家庭长期培育形成的一种文化和道德氛围,是家庭伦理、美德和家庭成员道德水平的集中体现。至近代,家风的传承一方面表现为对中国传统文化的继承,另一方面表现为对西方先进思想的接纳。新

潮爷潮奶：打开老年安乐生活的N种方式

时代家风的特色是"红色家风"的诞生和发展，是老一辈无产阶级革命家和各个时期的优秀共产党人在长期革命实践、社会主义建设和改革开放历史进程中形成的家庭风尚，是中国共产党人精神和优良传统的重要组成部分。

"百善孝为先"。随着社会的进步，尊老敬老已经蔚然成风，自不待言。老年安乐学倡导的是，老年人应当自尊自爱、自强自立、自由自在；知足常乐、助人为乐、自得其乐；享受生活、享受天伦、享受孤独。孤独是老年人必须面对的境遇，孤独也是别样的浪漫。享受孤独是走向睿智、走向幸福的基石，"与谁同坐？明月清风我"。"明月如霜，好风如水，清景无限"，世间如此美好，何不看淡得失、远离是非、平心静气地独享惬意自在的时光？

"笑看今朝添百福，遐龄长寿祝期颐。"愿天下老年人健健康康、和和美美、平平安安、快快乐乐！

目 录

一、安乐心
——让皱纹笑成一道风景

1 生命从八十岁开始 ………………………… 003
2 有滋有味活百岁 …………………………… 006
3 年轻态 ……………………………………… 013
4 爱自己 ……………………………………… 017
5 百岁潮男 …………………………………… 021
6 好奇心旺盛的女孩 ………………………… 025

二、安乐窝
——让每一天过得有意思

7 抱团取暖 …………………………………… 031
8 别样的同居 ………………………………… 035

潮爷潮奶：打开老年安乐生活的N种方式

9　邻里互助 ··· 039

10　候鸟一族 ·· 042

11　山居岁月 ·· 046

12　自驾游天下 ·· 050

13　孝心之旅 ·· 055

14　舞出精气神 ·· 059

15　摇滚奶奶 ·· 064

16　爷孙乐 ·· 067

17　好婆婆 ·· 073

18　"神仙眷侣" ·· 077

19　最帅T台大爷 ···································· 081

20　老年电竞战队 ···································· 084

21　时尚乐龄人 ·· 088

22　摩登老太 ·· 092

23　活得有趣的"食神" ··························· 096

24　健康之声 ·· 100

25　爷爷足球队 ·· 104

26　不老的喀秋莎 ···································· 107

27　银发网红 ·· 111

三、安乐行
——让每一天过得有意义

28 "银龄行动" ····································· 117
29 老杨树宣讲汇 ································· 122
30 从织女到画家 ································· 128
31 最幸福的老头 ································· 131
32 "四大家" ······································· 134
33 "银发知播" ····································· 139
34 不屈的"牛"人 ······························ 144
35 最好看的"情侣装" ······················· 147
36 独守岁月余晖 ································· 151
37 "萤火虫" ··· 156
38 悠游百年 ··· 163
39 无愁河上"老顽童" ······················· 169
40 长寿俱乐部 ····································· 175
41 被"上帝"遗忘的人 ······················· 180
42 告老还乡 ··· 184

四、安乐坊
——要把病房当作游乐场

43 安乐坊 ································ 193
44 绿洲艺术团 ·························· 199
45 意义疗法 ······························ 203
46 音乐疗法 ······························ 208
47 快乐疗法 ······························ 216
48 体育疗法 ······························ 221
49 安宁疗护 ······························ 226
50 预先医疗指示 ······················· 231
51 预约美好告别 ······················· 235
52 诺玛的觉醒 ·························· 239
53 七死一生 ······························ 242

五、安乐死
——要有尊严地回归自然

54 荷兰人的首创 ······················· 249

55 韩国人的态度 ················· 252

56 澳洲人的贡献 ················· 256

57 美国人的坚持 ················· 261

58 中国人的探索 ················· 267

59 优雅赴约 ····················· 274

60 尊严谢幕 ····················· 278

61 生命之歌的终章 ··············· 282

62 比翼鸟 ······················· 285

六、安乐歌
——要留给后人精神财富

63 无语良师 ····················· 293

64 生态安葬 ····················· 298

65 快乐墓园 ····················· 303

66 亡灵节 ······················· 308

67 凡人自传 ····················· 313

68 家风传承 ····················· 321

一、安乐心

——让皱纹笑成一道风景

1
生命从八十岁开始

爱尔兰文豪萧伯纳曾掷地有声地喊出：六十岁以后才是真正的人生！他的创作生涯便是这一口号的最佳注脚。步入晚年，萧伯纳的才思并未随着岁月的流逝而枯竭，反而越发喷涌如泉。他一生中共创作了50余部剧本，令人惊叹的是，其中40部竟是在他年逾五旬后完成的。九十岁高龄时，他依然笔耕不辍，每年都能创作出一部剧本，直至生命的最后一年，他还完成了《为什么她不肯》这部力作。

而冰心先生，则有着更为响亮的口号：生命从八十岁开始！她以行动践行了这一信念，活出了整整九十九年的精彩人生。冰心，这位多才多艺的文学巨匠，拥有诗人、作家、翻译家、儿童文学作家、社会活动家、散文家等

潮爷潮奶：打开老年安乐生活的N种方式

诸多头衔。她的文学之路始于1919年，那一年，她发表了第一篇散文《二十一日听审的感想》和第一篇小说《两个家庭》。从此，她的文字如清泉般滋润着读者的心田。

1980年，对于冰心来说，是一个不平凡的年份。那一年，她遭遇了脑血栓的侵袭，又不慎摔断了右胯骨。然而，面对这突如其来的打击，八十岁的冰心并未退缩，她以乐观的心态坦然面对。她有着旷达的生命观，宣称"我从来没觉得老"，甚至以孔子"老而不死是为贼"这句话为引，请人刻了一枚"是为贼"的图章，以此来调侃自己，展现了她豁达乐观的人生态度。

在给小朋友的信中，冰心说自己"无知"，到了不知老之已至的地步。她下定决心，要好好练习写字、走路，再努力为小朋友们写些东西。她要"努力和小朋友们一同前进"！冰心说到做到，八十岁之后，她的创作迎来了又一个高峰。在黄昏迫近时，她继续发出旺盛的光焰，创作出了《空巢》《桥》《万般皆上品》《落价》《远来的和尚》等一系列针砭时弊、抽丝剥茧的佳作。她的"爱的主题"在内容和形式上都有所扩大和升华，从对母亲、儿童、大自然的爱，上升为对民族、对世界的博爱。

一、安乐心

同时,冰心还写下了一系列"辛辣"的作品,如《希望一年三百六十五天都尊师》《无士则如何》《我请求》《我感谢》《开卷有益》等。她呼吁全社会关注教师、教育和知识分子问题,为贫困地区的孩子就学、为拖欠教师工资的现象而愤愤不平,大声疾呼。她的文字,如利剑般直指社会痛点,展现了她强烈的社会责任感和使命感。

冰心晚年的创作,无论是小说、散文,还是读书笔记、序跋,都充满了鲜明的特点。她敢于说真话,敢于触及社会矛盾,否定"文革",痛批腐败,为祖国的现代化呼吁,为教师为教育呐喊。她的文字,如春风般温暖人心,如夏雨般滋润心田,表达了她对祖国和人民的拳拳之心。

如今,随着生活条件的改善和医疗水平的提高,人类的寿命大大延长,老年人数也迅速增多。过去是"人生七十古来稀",而现在,"八十九十不稀奇"。如何使晚年生活更有质量、更加精彩?冰心先生用她的一生给出了答案:那就是保持一颗年轻的心,珍惜每一个当下,勇于追求梦想和热爱的事业,让生命在晚年绽放出更加绚烂的光彩。

2

有滋有味活百岁

日野原重明，1911年生于日本山口县，2017年辞世，享年106岁。他的一生，恰似一颗熠熠生辉的星，在医学的浩瀚苍穹和健康生活的广袤天地中，绽放出独特而璀璨的光芒。

1937年，自京都帝国大学医学院毕业后，他在研究生院继续深造。两年后，他凭借着对医学的满腔热忱，留校攻读心脏科专业的博士学位，其对医学探索的执着精神令人钦佩不已。1941年，他进入圣路加国际医院，从此开启了73年的职业辉煌篇章。他身兼数职，日本皇室家庭医师、日本圣路加国际医院理事长、名誉院长，圣路加护士大学理事长、名誉校长等要职皆在其列。他还当选为国际内科学会会长、国际健诊学会会长、全日本音乐疗法联盟会会长、"新老人会"会长等，诸多荣誉加身。1999年，他荣获日本文化功劳者奖，2005年又斩获日本文化勋章，这些殊荣无疑是对他一生卓越贡献的崇高赞誉。他宛如一位医学领域的开拓者，将健康体检理念引入日本，是日本预防医学的倡导者，为日本健检制度的创立和预防医学的发展立下了不可磨灭的功勋。

20世纪70年代，癌症、心脏病、脑卒中这三大病魔在日本横行肆虐，被称为"成人病"，其致死率高得令人咂舌。然而，"成人病"这一称谓却存在诸多误导。一方面，它易使人误以为这些病症是岁月增长的必然产物；另一方面，不少未成年人也因各种缘由不幸罹患此类病症。彼时已成为日本内科学权威的日野原重明，以其敏锐的洞察力察觉到这一问题，他振臂高呼，力主将"成人病"更名为"生活习惯病"。这一改变并非心血来潮，而是源于他长期细致的临床观察。他发现，众多病例皆因日常不良生活习惯而起。于是，他苦口婆心地提醒国民，要重视自身与家人的生活习惯，积极预防疾病的发生。这场看似毫不起眼的病名更迭，在日本社会犹如被抛入平静湖面的巨石，激起层层浪花。无论是普通

潮爷潮奶：打开老年安乐生活的N种方式

百姓，还是专业研究机构，都纷纷将目光聚焦于病症预防工作之上，这一转变极大地提升了普通日本人的生活质量。因此，有文章评论道，如果没有日野原重明医师持之以恒的推动，日本"长寿大国"的美誉恐怕要延迟若干年方能降临。

步入百岁高龄之后，日野原重明依旧坚守在医师岗位上，为患者排忧解难。他每年还要不辞辛劳地进行100多场巡回演讲活动，孜孜不倦地传播自己的健康理念和长寿秘诀。在他生命的最后几个星期，他依然坚持出门诊，真正做到了鞠躬尽瘁，将工作延续到人生的最后一刻。同时，他笔耕不辍，一生出版了200多部专著，甚至在105岁高龄时还推出了最后一部著作。他用自己的实际行动，淋漓尽致地践行了"人生百年，终身学习"的理念，堪称日本极具说服力的长寿楷模。他的人生经历和身体力行，为所有追求健康长寿的人树立了榜样。

日野原重明是一位充满智慧且风趣幽默的健康老人，他保持着诸多历经岁月考验的良好习惯，对世间万物怀有永不枯竭的好奇心，勇于探索与尝试新事物。90

一、安乐心

岁之后，他依然满怀热情地投身于画水彩画、音乐指挥及肌肉训练等学习活动之中。从老年心理学的视角来看，这些正是推动老年人享受快乐生活的重要动力。

他曾向媒体生动讲述了自己的一段独特经历：在65岁即将退休之际，他遭遇了劫机事件，获救后，他将余生视为生命中最珍贵的礼物，深感"唯有快乐地生活，方能不负他人的援手与生命的馈赠"。自那以后，他每日清晨醒来，都满怀激情地拥抱生活，对周遭的一切充满好奇与探索的欲望，身体也因此越发充满活力。

他紧跟时代步伐，拥有自己的社交网络账号，并频繁更新动态，认为不断尝试新事物，方能永葆青春。他的学习之旅往往始于偶然，如阅读一本好书后，便萌生将其改编为音乐剧的念头，于是在88岁时，他化身为剧作家。在因肺结核卧床期间，他无聊之余在纸上涂鸦五线谱，那一年，他不仅掌握了作曲技巧，还发明了音乐疗法。

在饮食方面，他主张适度原则，认为偶尔的放纵并无大碍，但应坚持每餐略少于八分饱，减少甜食摄入。他的健康食谱中，早餐必喝一杯自制果蔬汁，加入一匙

潮爷潮奶：打开老年安乐生活的N种方式

橄榄油，以稳定胆固醇并补充能量；随后是一杯加入大豆卵磷脂的牛奶，搭配一根香蕉和一杯咖啡。午餐则简单至极，几片饼干和一杯牛奶足矣。晚餐相对丰盛，每周两次享用无油牛排，其余五日则选择鱼类，再搭配大量蔬菜，如莴苣和花椰菜等。

在运动方面，他从不偷懒，总是设法创造锻炼机会，如坚持步行上楼、大步流星地走路以及每周雷打不动地跑步。正因如此，自30岁起，他的体重一直稳定地保持在60公斤左右。

日野原重明先生秉持着对和平的热爱与对生命的深切尊重，每月定期造访各类学校，与孩子们展开关于"生命意义"的深刻交流，于他们幼小的心灵中播下珍视生命的种子。他强调："梦想无关乎年龄或社会地位，它是每个人与生俱来的权利，无论大小，形态各异。在每个人的心中，都应装备'双翼'——一是梦想的翅膀，二是实践的翅膀，两者相辅相成。正是这对引领我们翱翔于理想蓝图的羽翼，赋予了我们心中的希望与依靠，让我们得以满足'自我实现'的渴望。"

日野原重明先生深刻洞察到："医生的职责不仅在于

一、安乐心

站在抗击疾病的前线,更在于拥有与患者并肩面对、共同承担死亡挑战的勇气与同理心。"因此,他积极倡导并实践安宁疗护,致力于为那些治疗无望的患者提供全方位的身心关怀,陪伴他们平静、有尊严地走完人生的最后旅程。他坚信,唯有勇于面对衰老与死亡,方能活出生命的精彩与辉煌。通过正视死亡,我们能更加珍惜当下的生命、呵护健康、学会感恩,并从中汲取继续前行的勇气与力量。

在《有滋有味活百岁》一书中,日野原重明与老年朋友们慷慨分享了他的健康长寿秘诀。他认为,60岁之后的人生,才真正步入了个人的黄金时代。只要勇于面对衰老,人们往往会发掘出连自己都未曾预料的潜能,活出一种年轻态的活力。不给自己设限,晚年生活同样可以绽放异彩。

首先,他强调保持不断进步的状态至关重要。人的体力和脑力,若不使用,便会逐渐衰退。退休后,保持向上的心态和持续学习的热情尤为关键。在面对挑战和困难时,不妨这样鼓励自己:疲惫和挫折并非缘于体力和脑力的衰退,而是因为我们正在攀登人生的新高峰。

潮爷潮奶：打开老年安乐生活的N种方式

这样的心态，能让我们重新体验生活的美好，收获满满的幸福与快乐。

其次，他鼓励人们培育自己的"第二人生"。退休后，我们拥有充足的时间去专注于那些曾经因忙碌而搁置的爱好，去实现那些曾因时间不足而未能完成的梦想。无论是重拾旧爱、学习新技能，还是游历大好河山，只要我们勇敢迈出步伐，晚年生活定能精彩纷呈。此外，积极参与志愿组织、兴趣小组和同学会等活动，不仅能激发我们的热情和奉献精神，还能让我们学习新技能，保持活力，结交新朋友，拓展社交圈子，使生活更加丰富多彩。

日野原重明坚信，60岁并非人生下坡路的开始，而是开启新生活的起点。在人生的许多方面，60岁以后仍有广阔的空间去开拓、去发现、去创造。只要拥有"终身事业"的追求，晚年生活同样可以过得有滋有味。对于那些退休后想要开创新事业的人来说，设定明确的人生目标固然重要，但更重要的是先养成做事的新习惯，这有助于我们找到适合自己的"终身事业"，让60岁以后的人生更加充实和有意义。

3
年轻态

心态,这个看似抽象却深刻影响我们生活的内在力量,实则是一个人的性格、心理素质和思想观念的统一体现。世间万物,皆可用两种心态去审视——一种是正面的积极心态,它如同温暖的阳光,照亮前行的道路;另一种是负面的消极心态,它则像阴霾的乌云,遮蔽心灵的天空。这一正一反,完全取决于我们的内心抉择,而这份抉择,正是我们把握人生航向的关键。

年轻态,是生命之树上的一片翠绿叶子,它代表着活力、激情与无尽的希望。年轻态不仅仅体现在生理上的青春焕发,更在于心理与精神上的盎然生机。它象征着一种态度,一种追求,一种永不停歇的活力与智慧。

在岁月的长河中,有些老年人以他们的实际行动

潮爷潮奶：打开老年安乐生活的N种方式

诠释了年轻态的真谛。他们虽然年事已高，但内心依然充满童真与童趣，与晚辈们打成一片，享受着生活的乐趣。他们的笑容如同孩子般纯真，他们的心态如同年轻人般积极。这样的老年人，不仅促进了与晚辈的感情，更让自己的生活变得轻松快乐，充满无限的活力。

积极的心态是保持年轻态的关键。耶鲁大学公共卫生学院和加州大学伯克利分校的研究人员发现，积极心态对老年人健康水平的提升甚至超过了运动的效果。这一研究结果无疑为我们揭示了心态与健康之间的紧密联系。当我们下意识地接触积极信息时，我们的身体机能会得到改善，我们的生命质量会得到提升。因此，适当的潜意识引导方法，如感恩、积极话语暗示等，能成为我们保持年轻态的有力武器。

要培养积极的心态和乐观的情绪，我们需要认识并改变自己的负面思维。通过观察和记录自己的思维过程，我们可以发现自己的负面思维模式，并学会用积极的自我话语来取代它们。同时，感恩的心态也是培养积极情绪的重要一环。我们可以每天回顾自己的生活，寻找值得感激的事物和人，记录下自己的感激之情。这样

一、安乐心

做不仅能让我们的心灵得到滋养，还能让我们更加珍惜生活中的每一个美好瞬间。

保持积极的社交关系同样重要。与积极乐观的人交往，我们可以汲取他们的正能量，与他们共同成长。而远离消极抱怨的人，则能避免他们的负能量对我们产生不良影响。我们可以主动参加社交活动，结交志同道合的朋友，与他们分享快乐和困难，共同面对生活的挑战。

挑战和困难是生活中无法避免的一部分，但我们可以选择用积极的态度去应对它们。将挑战视为成长的机会，通过解决问题和克服困难来提升自己的能力。同时，我们也可以寻找支持和帮助，与他人一起共同面对挑战，分享经验和智慧。这样的过程不仅能让我们的内心变得更加坚强，还能让我们在成长的道路上不断前行。

保持健康的生活方式也是培养积极心态和乐观情绪的重要一环。通过锻炼身体、保持良好的睡眠和饮食习惯等方式，我们可以释放压力、愉悦心情、提升生命质量。一个健康的身体是我们追求年轻态的坚实基础。

在老年人群中，存在一些被誉为"老年超人"的

潮爷潮奶：打开老年安乐生活的N种方式

杰出个体。他们越老越聪明，80岁的年龄却拥有50岁的智力等级。他们的脑部特征与众不同，拥有更厚的皮质层、较少的神经缠结以及大量的von Economo神经元。这些独特的脑部特征使他们在记忆力和理解力方面表现出色，能够保持如年轻人一般的记忆能力，并在解决问题和进行复杂思考时展现出与年轻人相当甚至超越年轻人的能力。这些老年超人的事迹告诉我们，年龄并不是智慧的障碍，只要我们保持积极的心态和善于进行心理调整，就能让生命之树常青。

让我们以年轻态的心态去拥抱生活吧！无论岁月如何变迁，无论生活如何起伏跌宕，都请保持一颗年轻的心、一份积极的态度和一份对生活的热爱。让我们在生命的舞台上尽情绽放自己的光彩，用年轻态的心态去书写属于自己的精彩人生！

4
爱自己

在人生的长河中，许多老年人在年轻时全心全意地爱着家人、朋友、事业与梦想，他们勇往直前，不负韶华。然而，随着岁月的流逝，他们逐渐老去，有时可能会感到迷茫，觉得自己与过去有所不同，不清楚自己该做些什么，甚至找不到前行的方向。他们心疼孩子，却发现孩子长大了，再也不需要他们遮风挡雨了；他们热爱自己的事业，却发现自己的体力和精力已经大不如前了，很多事情都变得力不从心了。面对如此困境，喜剧大师卓别林给出了一个简单而深刻的答案——爱自己。

卓别林七十大寿时，亲笔写下了一首名为《当我真正开始爱自己》的诗："我不再牺牲自己的自由时间，不

潮爷潮奶：打开老年安乐生活的N种方式

再去勾画那些遥不可及的宏伟蓝图。今天，我只做那些让我感到有趣和快乐的事情，做我真正热爱的事情，用我的方式，按照我的节奏。"他还写道："当我真正开始爱自己，我开始远离一切对我不利的东西，无论是饮食、人际关系，还是事情本身或所处的环境。我远离那些让我失去本真的事物。我明白了，这就是自爱。"

心理学家认为，爱自己是一种自我支持的状态，这种状态通过那些促进我们身体、心理和精神成长的行为而不断壮大。那么，对于老年人来说，如何做到爱自己呢？

爱自己，就是要多听听内心的声音，让自己静下心来和自己打成一片。我们需要去了解真正的自己是什么样的，明确自己的本心，知晓自己内心真正的渴望。当我们想清楚这些后，就会发现，其实不必去做那些违背本心的事情。只有追随自己的心，我们才能够感受到真正的舒适、安宁与快乐。

爱自己，也需要我们学会赞美自己。赞美能够塑造我们的灵魂，而我们最需要的，并非来自他人的赞美，而是自我肯定。无论他人对我们的态度如何，无论他们

一、安乐心

过得多么光鲜亮丽，我们都应该努力发掘自己的独特之处，并且大声说出来。我们要让外界感受到我们的自信与乐观，这样，我们就会体验到认可自己所带来的无穷力量。

爱自己，还意味着要包容自己。一个真正爱自己的人，有能力接受自己过去所犯的错误。他们不会否认自己的过去，也不会一味地沉浸在自我悔恨或自我惩罚之中。他们会以客观的态度去看待那些缺点和过失在生命里存在过的意义，从中汲取养分，获得提升与成长。面对那些让自己苦苦纠结的事情时，不要对自己过于苛求。适当地放宽心胸，放下过去的包袱与压力，开始新的旅程，你就会发现，生活的道路会越走越宽广，快乐也会随之而来。

爱自己，就是活在当下，不再沉溺于过去的回忆中无法自拔，也不再为明天的未知而忧心忡忡。活在当下是一种全身心投入人生的生活方式。眼中只有当下这一刻，我们就不会被过去所拖累，也不会被未来所牵引。人生的诸多烦恼往往源自于对过去的怀念与对未来的期盼。当我们执着于过去或未来时，往往会失去唯一可以

潮爷潮奶：打开老年安乐生活的N种方式

把握的现在。只有毫无杂念、全心全意地活在当下这一刻，我们的视野才会越来越开阔，我们的日子才会越来越自在，快乐也会如影随形。

爱自己，就是让自己每天都保持精神饱满的状态。即使我们无法永葆青春的容颜，也能够沉淀出与众不同的气质。保持一颗单纯善良的心，时刻感受生活的美好与奇妙。尝试讨好自己、取悦自己。哪怕已经步入暮年，也要热爱生活，让最后的时光绽放出不一样的光彩。

5

百岁潮男

在当今这个重视外貌与生活品质的时代,追求时尚与美感已不再局限于女性群体,越来越多的男性也加入了这一行列,他们拥有敏锐的美感触觉,愿意花费时间和金钱来打造自己的外表和生活方式,这样的男性被称为"潮男"。令人惊喜的是,这股潮流之风甚至吹进了百岁老人的世界,他们用自己的方式展示着生命的强大与生活的美好。

在四川成都,有这样一位远近闻名的"潮男"——袁斯露老人。他的生活节奏规律而充实,每天清晨8点准时起床,享用简单却营养丰富的早餐:一个鸡蛋、一包牛奶,再搭配一些粗粮。傍晚时分,他会静静地阅读新闻或历史书籍,沉浸在知识的海洋中。尽管老伴已离

潮爷潮奶：打开老年安乐生活的N种方式

世，但袁老的生活并未因此失去色彩，他依然保持着独立生活的能力，除了日常起居有保姆协助外，其他事务均亲力亲为。家人也经常来看望他，这让他倍感温馨。

谈及身体状况，袁老满脸自豪："医生说我只是有点气管炎，其他都没问题。我的心脏还特别健康，和年轻人一样。"的确，袁老性格开朗，动作敏捷，下楼时甚至无须拐杖，步伐轻快。只要天气允许，他就会穿上时尚的小西装或酒红色皮衣，戴上茶色眼镜，骑着四轮电瓶车出门兜风，或是到公园与人聊天，享受四季更迭的美好。他认为自己健康长寿的秘诀在于"修身养性"：减少烟酒应酬，保持洁身自好；同时注重性格修养，避免争强好胜和生气动怒，以忍让为怀。

而在浙江杭州，还有一位同样令人钦佩的百岁"潮翁"——浙江大学的老教授游修龄。102岁的他依然活跃在学术领域，敲键盘、做学问、玩音乐，生活丰富多彩。游教授是良渚文化遗址考古的早期参与者之一，他的研究成果在中外农业界和考古界都产生了深远影响。同时，他还精通文理，在历史、音乐、外语等领域都有

一、安乐心

独到见解。

　　游教授的生活同样充满规律与乐趣。他会在自家院子里种上茶树和各种花草，每当在电脑前工作久了，就会走到院子里欣赏绿色植物，品味花开花落，享受大自然的宁静与美好。他的饮食简单而营养，一小碗米饭、几只水煮明虾、几颗小肉圆，再搭配一些蔬菜和水果，就能满足他的日常所需。他尤其爱喝茶，特别是绿茶，每天晚饭后都会泡上一杯，坐在电脑前看看新闻、敲敲键盘、回复信件、写写杂文，平和的心态让他的文字读起来亲切自然、回味无穷。

　　除了热爱学术和茶文化外，游教授还酷爱音乐。他从小学习拉京胡，经济条件好转后更是购置了钢琴。70多年来，他的寓所里始终回荡着悠扬的琴声。他认为弹钢琴可以健脑健身，有益身心健康。而在家人看来，保持一颗平和心、从不发脾气、从不抱怨生活的态度才是他长寿的真正秘诀。

　　这两位百岁老人，以他们独特的生活方式与饱满的精神状态，生动地诠释了生命的精彩与美好。尽管年事已高，他们依然怀揣着对生活的无限热爱与不懈追求，

潮爷潮奶：打开老年安乐生活的N种方式

用一颗永远年轻的心，续写着各自的人生传奇。他们的故事启示我们：无论岁月如何更迭，保持一颗年轻的心，以及对生活的持久热爱与不懈追求，是通往幸福与精彩的永恒钥匙。

6
好奇心旺盛的女孩

独居老人最怕的是什么？是无尽的孤独与寂寞，是无人问津的苍老岁月，还是疾病缠身的无力感？曾有一则令人心酸的报道，讲述了一位日本老人，为了摆脱孤苦无依的生活，竟不惜行窃，只求能住进监狱，换取那一份不必忧虑生计、有人照料的安稳。然而，笹本恒子，这位年近百岁的老人，却用她的坚韧与热爱，为老年人的独居生活书写了另一种可能。

那是一个寒冷的冬天，恒子不小心在家里摔了一跤，瞬间意识全无。孑然一身的她，无助地躺在冰冷的地面上，时间仿佛凝固，整整22个小时，无人问津。被发现后紧急送医，她被检查出大腿骨裂、左手手腕骨裂，这对于一个耄耋老人来说，无疑是个沉重的打击。

潮爷潮奶：打开老年安乐生活的N种方式

然而，恒子没有沉溺于自怨自艾，她以惊人的毅力积极配合医生，努力进行康复治疗。在那段艰难的日子里，她依然保持着那份对生活的热爱与执着，涂着鲜艳的指甲油，搭着漂亮的披肩，一举一动间，全然不见病人的萎靡与不振。

康复的日子里，恒子用一幅凡·高的《向日葵》装点了她的世界，那金黄而热烈的色彩，仿佛是她内心的写照。她对着这幅心仪的油画，品着红酒，开始撰写自传——《好奇心旺盛的女孩，今年97岁》。在这本书中，她以细腻的笔触，回答了关于人生、梦想、独处与爱情等深刻命题。她分享了12个人生秘诀，每一个都充满了对生活的热爱与对未知的渴望。

恒子的故事，是一段传奇。自幼展现绘画天赋的她，在朋友的建议下，勇敢地踏入了摄影界，成为日本最早的女性摄影记者。没有专业的摄影技术，却凭借天赋异禀与对生活的独特感悟，拍出了最真实的照片。她的作品见证了日本20世纪40年代的重大事件，留下了珍贵的历史影像。1951年，她与业界好友一同创立了日本职业摄影师协会，致力于摄影事业的发展。尽管后来

一、安乐心

因电视媒体的兴起,摄影业跌入低谷,但她从未放弃对摄影的热爱。71岁那年,她再次拿起相机,重拾年轻时的事业,用整整六年时间在日本各地拍摄了上百位明治时期的女性,并成功举办了摄影展,出版了《璀璨的明治女性》。她的作品,不仅得到了业界的高度评价,更激励着无数读者,尤其是老年朋友,去追寻自己的梦想,去拥抱生活的美好。

这位老寿星的生活曾经充满规律与活力。晚上11点前准时就寝,早晨5点准时起床,听电视上的英文对话,坚持自学英语。她的心中依旧有着各种新奇的想法与梦想,她还在追逐梦想的路上前行,誓要"拍到心跳停止的那一天"。

恒子曾告诉记者:"我71岁重新工作,86岁再一次恋爱,102岁获奖,没有工夫去死。""如果你老是想着我都这个年龄了,还能干什么,那你的生命就真的完蛋了。年龄只是个数字,它并不可怕,可怕的是没有重新开始的勇气。"她用自己的行动诠释了生命的真谛与意义,让我们看到了老年生活的无限可能与精彩万分。

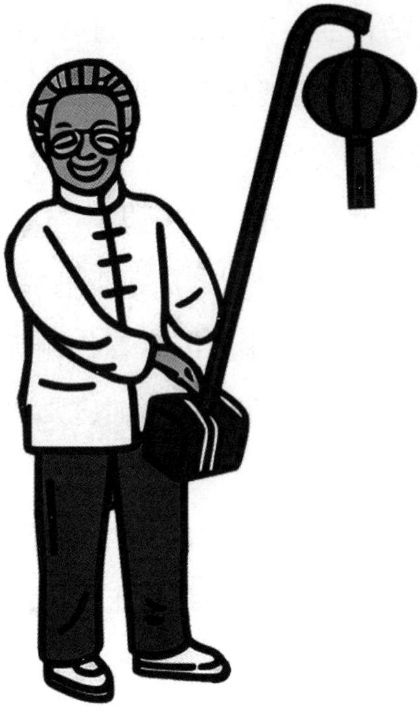

二、安乐窝

——让每一天过得有意思

7
抱团取暖

抱团养老是一种通过老年人聚集居住、互帮互助来提升晚年生活质量的方式。它不仅能满足老年人的社交需求和精神寄托，让他们感受到家的温暖和亲人的关爱，还能有效缓解孤独感，并在集体活动中充实精神生活。它将有共同理念的老年人聚集在一起，使他们不再依赖子女，摆脱传统家庭的束缚，共同居住在一个地方，彼此陪伴和支持。

孤独，这一老年群体中最常见的心病，在抱团养老的模式下得到了有效的缓解。专家总结了抱团养老的诸多好处：人多热闹才能有效地驱散难以忍受的孤独情绪；通过彼此的沟通和交流，使精神生活得到充实，内心的空虚得到排解；有共同爱好的老年人聚在一起，不管是

潮爷潮奶：打开老年安乐生活的N种方式

吹拉弹唱、打牌消遣，还是参加别的集体活动，都能让老人们的精神世界多一些亮点。此外，抱团养老还能让老年人在生病时得到同伴的照顾，体验到类似亲情的温暖，使他们的内心不再悲凉。

2017年，杭州的朱荣林和王桂芬夫妇在报纸上发起了"抱团养老"的倡议，招募愿意与他们一同在乡间别墅结伴养老的同龄夫妻。百余对老人踊跃报名，最终四对夫妻入选，他们共同生活在同一屋檐下，虽然偶尔也会有摩擦和争议，但更多的是欢笑和快乐。他们一起择菜做饭、饲养家禽、散步打牌，共同抵御孤独，共度晚年时光。

退休前的朱荣林是一名中学英语老师，王桂芬则是化工厂的厂长，俩人育有一双儿女，家庭幸福和美。夫妻俩的乡间别墅群山环绕，环境优美。屋前大院花木葱茏，屋后菜地半亩，鸡鸭成群，小狗看家。然而，自从朱荣林做了膀胱癌手术后，生活变得冷清无聊，他们甚至为打麻将都凑不齐一桌人而苦恼。在了解外地抱团养老的相关报道后，朱荣林夫妇仔细研究了这种养老模式的利弊，并拟定了一系列具体的标准和规矩，以确保抱

二、安乐窝

团养老的顺利进行。

在北京郊区，同样有这样一个特别的"家"，住着15位平均年龄超过70岁的退休老人。他们曾经是北大荒的知青，自称"荒友"。为了不给子女带来麻烦，他们决定组成一个大家庭，共同搬进了一栋别墅。他们一起种菜、买菜、唱歌、跳舞、打牌、散步，还养鸡养鸭，过着充满田园乐趣的退休生活。在搬进来之前，他们共同签署了一份免责协议书，既让彼此安心，也让家人放心。

而在中国台湾，也有一群"准老人"在积极准备着他们的老年生活。李伟文在50岁时就组织了一个名为"夏瓣生俱乐部"的团体，寓意着中年以后的生活能够像夏天的花朵一样灿烂。他们定期举办室内观影、户外郊游、爬山等活动，还共同投资购买了一块土地，建起了一座房子，计划在退休后一起居住。这个大家庭里有建筑师、老师、音乐家、医生等各行各业的人士，他们坐在一起聊天交流，享受着自由自在的生活。他们甚至还买了一块自然栖息地，约定"百年之后"把骨灰埋在一起。

潮爷潮奶：打开老年安乐生活的N种方式

老年人喜欢抱团养老的原因是多方面的，这些选择往往基于他们的个人需求、生活经历以及对晚年生活的期望，包括情感需求、生活照顾、共同兴趣、经济考虑、文化认同、安全感以及社会支持等。这种养老方式不仅有助于缓解老年人的孤独感和压力，还能提高他们的生活质量和幸福感。

8

别样的同居

同居式养老,又被称为"搭伴式养老",是一种充满温情与智慧的养老方式。它如同冬日里的一缕暖阳,照亮了身居其中的老年人生活的每一个角落,让他们在晚年时光中找到了新的归属与依靠。

在德国,这种养老方式正悄然流行。作为欧洲老人最多的国家,德国面临着严峻的养老挑战。然而,许多老人并不愿意被束缚在疗养院的框架内,他们渴望自由、渴望交流、渴望在生命的最后阶段依然能够保持那份对生活的热爱与执着。于是,志同道合的他们开始寻找彼此,共同踏上了一段温馨而又充实的养老之旅。

他们或是寻觅年龄相仿的老友,一同住进老年公寓,共享厨房、浴室和会客厅的便利;或是在老年大学

潮爷潮奶：打开老年安乐生活的N种方式

里偶遇知己，因共同的兴趣爱好而结缘，携手步入"同居"的新生活。更有甚者，跨越了年龄的界限，与年轻人一同居住，享受着来自不同时代的陪伴与关怀。

施密特女士，一位70多岁的优雅女性，便是这众多"同居"老人中的一员。她与五位"闺蜜"结伴住进了一座充满欢声笑语的老年公寓。在这里，她们各自独立，却又紧密相连。平时，她们各做各的饭，满足各自的味蕾；但每周至少一次的聚餐，则是她们共同的期待与欢乐。当施密特女士不慎跌倒受伤时，同伴们的及时帮助与悉心照料，更是让她感受到了家的温暖与力量。

不仅同性之间可以搭伴养老，情投意合的异性也可以选择这种方式共度晚年。威廉和他的女朋友在法兰克福已经同居了十多年，虽然各自有退休金，但他们还是选择各花各的，共同享受着彼此的陪伴和生活的乐趣。

当然，并非所有同居养老的异性都是情侣关系。露西老太太在老年大学里学油画时认识了保罗，两人性格相投，兴趣相似，于是便有了同居的想法。与他们一起同居的还有另外两个孤身老人，他们共同分享着生活的点滴，相互扶持，共同走过了许多美好的时光。

二、安乐窝

这种"同居"并非简单地居住在一起,更是一种心灵的契合与情感的交融。老人们在这里找到了知音,找到了慰藉,找到了生命的新意义。他们一起回忆过去、畅谈现在、憧憬未来,分享着彼此的故事与感悟。而这些话题,往往并不是都能与子女分享的。在这里,他们找到了一个可以倾诉心声、释放情感的港湾。

当然,这种养老方式也并非没有挑战。在"同居"前,老人们需要坦诚地交流各自的身体状况与健康需求;在相处过程中,也需要学会尊重与包容彼此的差异与习惯。但正是这些挑战与磨合,让他们更加珍惜这份来之不易的友谊与陪伴。

在德国,这种同居养老的方式还得到了政府的支持和推广。一些城市开始对老年人的原有住宅进行改造,留出一间公共会客厅,方便老人们相互交流,减少孤独寂寞之感。同时,政府还鼓励年轻人与孤寡老人"同居",让他们在花点时间陪伴老人的同时,也能减轻自己的租屋费用。

这种养老方式的好处是显而易见的。人老了,最怕的就是寂寞和无聊。而与谈得来的朋友一起同居养老,

潮爷潮奶：打开老年安乐生活的N种方式

不仅可以聊聊一起走过的岁月里发生的人、事、物，引起彼此的共鸣，还能在开心之余少花钱多办事、办好事。老人们把自己的空房免费或廉价租给学生或其他年轻人，后者则通过陪伴和照顾老人来回报他们。这种互助互利的方式，让双方都受益匪浅。

同居养老，是一种充满爱与关怀的养老方式。它让老人们在晚年时光中找到了新的乐趣与意义，也让社会更加和谐与温暖。让我们共同期待并祝福每一位老人都能拥有充实、快乐、有尊严的晚年生活！

9
邻里互助

社区养老以家庭为核心，以社区为依托，以邻里互助为表现形式，将老年人的日间照料、生活护理、家政服务和精神慰藉融入了日常的点点滴滴。在这里，老年人不仅能够继续享受家人的温馨呵护，更能感受到来自社区无微不至的关怀与帮助。

走进安徽合肥市的一些社区，我们仿佛踏入了一个充满爱与温暖的大家庭。庐阳区龚大塘社区的日间照料室，宽敞明亮，设施完备。老人们可以在这里打牌、聊天，享受轻松愉快的时光。他们的脸上洋溢着满足和幸福的笑容，那是对生活最真挚的热爱与向往。而包河区曙光社区更是别出心裁，为了解决居住在高楼的老人生活中的难题，设计了一个创新的方案：老人可以将自己

潮爷潮奶：打开老年安乐生活的N种方式

的房子租出去，然后租住社区提供的集中住房，从而增加一份收入。这一举措不仅解决了老人的实际问题，更让他们感受到了社区的温暖与关怀。

社区养老不仅能为老人提供物质帮助，更可抚慰他们的心灵，充实其精神生活。对于许多空巢老人来说，他们最渴望的是有人能够倾听他们的心声，陪伴他们度过孤独的时光。在社区里，有专业的医疗团队定期为老人检查身体，提供健康咨询；有热心的志愿者上门服务，帮助老人解决生活中的各种难题；还有丰富多彩的文体活动，让老人在欢乐中保持身心健康。这一切的一切，都让老年人感受到了生活的美好与希望。

在河南新乡市，一种名为"积分养老制度"的创新模式正在悄然兴起。这一模式通过整合社会资源，构建了以积分为纽带的养老服务异业联盟。老人们可以通过参与社区活动、志愿服务等方式赚取积分，然后用这些积分来兑换养老服务。这样的制度不仅激发了老人们参与社区活动的积极性，更让他们感受到了自己的价值与尊严。

在山东省威海市，12349积分养老服务中心更是将

二、安乐窝

社区养老的精髓发挥得淋漓尽致。这里不仅设有康复理疗中心、图书阅览室、爱心超市等场所,还定期举办各种丰富多彩的活动。老人们可以在这里学习新知识、结交新朋友、享受美好的晚年时光。通过参与"服务消费赢积分"等活动,老人们不仅能够锻炼身体、愉悦心情,还能够获得积分来兑换更多优质的服务。

社区养老的每一个细节都充满了对老年人的关怀与尊重。在这里,没有冷漠与孤独,只有温暖与陪伴。老人们在这里找到了属于自己的舞台和天地,他们在这里重拾了生活的信心和勇气。它让我们看到了老年人晚年的幸福与尊严,也让我们感受到了社会的温暖与进步。

社区养老不仅是一种养老方式的选择,更是一种人文关怀的体现。它的发展离不开政府、社区、企业、志愿者等社会各界的共同努力。这些服务不仅满足了老年人的基本生活需求,更让他们在晚年生活中找到了新的乐趣与价值。

10
候鸟一族

候鸟式养老，如同一曲悠扬的旋律，随着季节的更迭，在老年人的生活中奏响了新的乐章。他们像候鸟一样，随着季节的变迁，选择最适宜的地域栖息养老，享受生活的美好与宁静。

自2009年起，我国开始探索候鸟式养老模式，通过自建、自营、业主托管、合作加盟等方式，将金融、地产、养老和休闲度假的需求巧妙融合。在这种模式下，老年人的衣食住行都在异地的养老院、老年公寓等机构中得到妥善安排，这些机构集健康服务、旅游休闲、文化娱乐功能于一体，让他们的晚年生活更加丰富多彩。

冬天，当北国大地银装素裹、寒风凛冽之时，老年人可以选择飞往温暖舒适的南方。在那里，阳光温暖如

二、安乐窝

春,海风轻拂面庞,他们在异地的养老院中,享受着如诗如画般的生活。每天,他们可以漫步在海边,聆听海浪拍打岸边的声音,感受大自然的壮阔与宁静。闲暇时,他们可以在老年公寓内的餐厅品尝美食,在健身室锻炼身体,或在书画室挥毫泼墨,抒发内心的豪情与雅致。

夏天,当南方酷暑难耐、烈日炎炎之际,老年人又可以选择前往清凉宜人的北方。在那里,绿树成荫,凉风习习,他们在北方的养老院中,享受着别样的清凉与惬意。白天,他们漫步林间小道,呼吸着清新的空气,感受大自然的生机与活力。夜晚,他们仰望星空,感受宇宙的浩瀚与神秘。

候鸟式养老不仅满足了老年人个性化需求,还让他们在异地的生活中结交了新的朋友。在养老院中,他们遇到了来自五湖四海的同龄人,大家共同分享着彼此的生活经历与人生感悟。他们一起聊天、打牌、唱歌、跳舞,享受着晚年生活的乐趣与美好。

江苏连云港的丁敏姿老两口就是候鸟式养老的忠实拥趸。他们每年冬天都会飞往云南西双版纳,享受那里

潮爷潮奶：打开老年安乐生活的N种方式

的温暖与舒适。在那里，他们每天的生活都充满了乐趣与惬意。他们一起买菜做饭，享受美食的滋味；一起享受日光浴，感受阳光的温暖。春节时，他们的女儿和女婿也会飞来与他们共度佳节，一家人其乐融融，享受着天伦之乐。

而黑龙江哈尔滨的赵彩珍老人，更是将候鸟式养老生活过得有声有色。她每年冬天都会飞到海南三亚过冬，远离哈尔滨的严寒与雾霾。在那里，她不仅享受到了宜人的气候与美丽的风景，还找到了自己新的爱好——跳舞。她每天都会出门跳舞，与小区里的老人一起分享舞蹈的快乐。她的舞姿优雅动人，赢得了大家的阵阵掌声。她还义务教小区里的老人跳舞，让更多的人感受到了舞蹈的魅力与快乐。

当然，候鸟式养老并非只有精彩纷呈的一面，异地生活也会带来一些挑战与问题。但正是这些挑战与问题，使老年人不断成长与进步。他们学会了如何与异地的人交往相处，如何适应新的生活环境与气候条件。他们的智慧与勇气在异地生活中得到了充分的展现与锻炼。

二、安乐窝

候鸟式养老,让老年人在晚年生活中焕发了新的活力与光彩。它让老年人在游玩中享受生活、颐养天年;让他们在异地的生活中结交新的朋友、享受新的乐趣;让他们在挑战与问题中不断成长与进步。

11

山居岁月

  在喧嚣尘世之外，有一片被时光温柔以待的净土，它静静地躺在法国南部的怀抱中，以普罗旺斯之名，诉说着山居岁月的无尽魅力。这里，是薰衣草与葡萄美酒的浪漫故乡，是阳光与微风交织的梦幻天堂。

  曾任国际大广告公司主管的彼得·梅尔，便是这梦幻家园的缔造者之一。他从纽约与伦敦的繁华中抽身而退，选择归隐于普罗旺斯山区，追寻那份久违的宁静与从容。在这里，他仿佛重获新生，与大自然融为一体，感受着每一缕阳光的温暖，每一声鸟鸣的欢愉。他的《普罗旺斯·山居岁月》，如同一幅细腻动人的画卷，缓缓展开在世人面前。书中不仅描绘了那片如诗如画的风景，还记录了一段段恬淡生活的点滴，成为无数人心中

二、安乐窝

向往的生活方式。

在日本,也有这样一位老人,她以山居岁月为笔,勾勒出一幅幅温馨而宁静的生活画卷。她,就是德田民子,曾是日本知名时尚杂志《装苑》的主编。退出职场后,她和丈夫携手来到小城安昙野,这里有巍峨的远山,有茂密的森林,有春天的樱花海,有秋天的枫叶林。他们在这里买下一栋小木屋,虽不大,却足以承载他们的田园梦想。

每天清晨,当第一缕阳光透过窗帘的缝隙,温柔地唤醒沉睡中的德田民子时,她总会拉开窗帘,让那片无垠的白桦树林映入眼帘。那一刻,她的心中充满了宁静与喜悦。她会在窗前冥想,让心灵与自然对话,感受那份难得的平和与宁静。随后,她会亲手准备一顿简单却营养丰富的早餐,与丈夫共享这份温馨与甜蜜。

午后,德田民子会换上轻便的行装,去附近散步,呼吸着清新的空气,欣赏着沿途的风景。她喜欢徒步前往超市,虽然路途不近,但沿途的美景总能让她心情愉悦。回到家后,她又开始忙碌起来,打理小院,喂食小鸟,清扫落叶,每一项工作都充满了她对生活的热爱与

潮爷潮奶：打开老年安乐生活的N种方式

执着。

而在福建厦门的林育云，同样用山居岁月书写着属于自己的精彩篇章。他每天日出而作，日落而息，忙碌而充实。早上四五点钟，他便在小鸟的鸣唱中醒来，空气中弥漫着草木的清香，让人神清气爽。他扛着锄头、铁锹，到附近整理菜地，浇水施肥，欣赏丝瓜花的绽放、百香果的结实，摘一把青菜，收两个鲜蛋，便有了健康又美味的早餐。

午休起来，林育云便沉浸在他的艺术世界里。写书法、练篆刻、弹风琴、打架子鼓……这些年轻时因工作和琐事无暇顾及的兴趣爱好，如今得以尽情挥洒。他的书法苍劲有力，篆刻作品更是精美绝伦。音乐也是他的挚爱，他特意托朋友收来一架旧式脚踏风琴，在山林晚风中自弹自唱一曲旧时歌曲，那份美好与惬意，无以言表。

有时，林育云会约请朋友来山上聚一聚，大家分头采集食材，烹饪美食，享受远离喧嚣的山居生活。在这样的聚会中，他们分享着彼此的故事与快乐，感受着大自然的恩赐与生命的美好。

二、安乐窝

　　山居岁月，不仅是一种生活方式的选择，更是一种心灵的归宿。在这里，人们可以放下尘世的烦恼与束缚，让心灵在自然的怀抱中得到净化与升华。无论是梅尔、民子还是林育云，他们都用自己的方式，诠释了什么是真正的宁静与从容，什么是真正的热爱与坚持。在那一片片被大自然怀抱的土地上，他们重新找回了生活的乐趣与意义。

12
自驾游天下

在当下这个崇尚自由与探索的时代，自驾游已成为一种备受追捧的旅游方式，它不仅是对外界的好奇与向往，更是内心对自由与独立的渴望。它超越了传统跟团游的束缚，为旅行者提供了无限宽广的天地，让他们在选择目的地、参与过程及体验深度上拥有了前所未有的自由度。自驾游，以其自由化与个性化的魅力、灵活性与舒适性的特质，以及选择性与季节性的优势，深深吸引着年青一代的心，他们渴望摆脱束缚，追求心灵的独立与自由的翱翔。而近年来，这股自驾游的热潮更是悄然涌入了老年人的世界，让他们的晚年生活焕发出了别样的光彩。

许秋荣、于任菲夫妇，两位来自浙江台州的退休老

二、安乐窝

人,便是自驾游大军中的佼佼者。在相继退休后,他们并未选择安逸的晚年生活,而是携手踏上了自驾游的征途。于任菲在旅途中写道:"一次东南亚五国自驾游,让我仿佛多活了五年、十年。这份来自内心的震撼与喜悦,让我萌生了驾车去欧洲旅游的梦想。"

2018年初,许秋荣、于任菲夫妇开始为欧洲自驾游做起了详尽的准备。他们一面办理俄罗斯、申根公约国、土耳其、英国等国家的旅游签证,一面精心制定旅游攻略,每一个国家、每一个城市的旅游资讯,都被他们细细罗列,整理得井井有条。4月底,他们满载着对未知的渴望与期待,从满洲里口岸出境,自驾游历了欧亚共42个国家,行程长达五万八千公里。

在五个多月的时间里,夫妻俩吃住都在车上,他们提前准备了丰富的食材,包括大米、梅干菜、豆腐乳、咸鸭蛋、榨菜丝、油炸带鱼等,还有常用药品,以备不时之需。手机里安装了导航类、旅游类、翻译类应用软件,每一个城市主要景点的线路图都被他们复印下来,搜集好的经纬度数据也被录入车载导航仪中。尽管他们不懂外语,但凭借着详尽的路线规划与充分的准备,他

潮爷潮奶：打开老年安乐生活的N种方式

们依然能够自如地穿梭于各国之间。

旅途中，他们辗转各国，参观了大教堂、古城堡，欣赏了圣约翰雕像、珀耳修斯和美杜莎雕像等艺术瑰宝，还造访了雅典卫城、罗马古城旧址等历史遗迹。这些精美细腻、极富感染力的雕塑与建筑，让他们流连忘返，仿佛穿越时空，与古人对话。旅途中的奇遇，无论是开心的、暖心的，还是探险的、意料之外的，都被于任菲记录了下来，并与网友分享，传递着这份来自旅途的喜悦与感动。

无独有偶，在遥远的南非，也有一位同样热爱自驾游的茱莉娅老奶奶。80岁生日那天，她向家人宣布了一个惊人的决定："从21岁起，我就一直幻想着能环游世界。我不能再等了，马上出发，开车穿越整个非洲和欧洲。"随即，她做了全身体检，接种了各种疫苗，为自己那辆开了多年的旧车换了新轮胎和减震器，还换上了新座椅，装上了车载蓝牙。然后，她带着对未知的憧憬与期待，一踩油门，听着音乐出发了。

茱莉娅一路向北，从非洲到欧洲，穿越了20多个国家。她在网上兴奋地向人们讲述着旅途所见所闻：见过

二、安乐窝

许多不同的植被和动物，看到成群的骆驼奋力奔跑时最令人激动；在埃塞俄比亚，和一群20多岁的年轻人一起住在"地狱之门"达纳基尔凹地，体验着年轻与酷炫；非洲最大的瀑布——维多利亚瀑布，边上还有彩虹，壮观得令人震撼；坦桑尼亚的海鲜大餐，更是让人吃得舍不得离开。到意大利时，她跳进地中海痛痛快快地游了一次泳，感受着海水的拥抱与自由。

一路上，茱莉娅还遇到了很多善良可爱的人。有人给她读书听，有人跟她分享食物，还有个小伙子陪她一起登上了勃朗峰。大家都把她当成自己的奶奶，很照顾她。用了近半年的时间，茱莉娅终于从开普敦一路自驾到了伦敦。一群素不相识的人为她接风洗尘，收到大家送的鲜花，她笑得无比骄傲，像一个刚刚拿下了世界冠军的英雄。她说："这一路的经历，实在是太美妙了。我要努力锻炼身体，争取活得再久一些，多看看这个多彩的世界。"

茱莉娅的故事告诉我们：如果真的心怀梦想，那么从现在起，就为之一点点地努力吧！直到你真正开始行动，就会发现：有限的生命里，将会拥有无限的可能！

潮爷潮奶：打开老年安乐生活的N种方式

　　自驾旅行者跨越了语言与文化的重重障碍，在旅途中不仅发现了世界的温暖与美好，更传递出对生活的无限热爱与不懈探索的精神。自驾游，无疑是勇敢者的游戏，亦是梦想家的浪漫诗篇。它引领着人们在滚滚车轮上探索世界的每一个角落，感受多元文化的交融与碰撞，亲历生命中最温馨的邂逅与最震撼的奇迹。这不仅仅是一场对未知世界的勇敢探索，更是一次对自我勇气与决心的深刻挑战与超越，使人们在旅途中不断遇见更加优秀的自己，同时也为这个世界增添了一抹更加绚丽的色彩。

13
孝心之旅

旅游,这个词总是与轻松、愉悦、探索等美好的意象紧密相连。它如同一扇窗,让我们得以窥见世界的广阔与奇妙;它像是一首歌,唱响了自由与梦想的旋律。然而,当旅行被赋予了"孝心"的内涵,它便不再仅仅是一场简单的游历,而是一段关于爱、关于陪伴、关于感恩的深情篇章。

在岁月的长河中,有这样一群儿女,他们虽已年至花甲,却愿意选择放下生活的琐碎,陪伴着耄耋之年的父母,一同踏上一场场说走就走的旅行之路。这不是简简单单的游山玩水,而是用脚步丈量孝心,用心灵感受亲情。

关孝艳三姐妹,自驾汽车,带着90多岁的老父亲,

潮爷潮奶：打开老年安乐生活的N种方式

几乎游遍了全中国。从三亚的碧海蓝天到北极村的皑皑白雪，从长城的雄伟壮丽到蒙古包的异域风情，还有香港、澳门的繁华，以及俄罗斯、朝鲜的异域风光，都留下了他们一家人的欢声笑语。四年间，他们不仅是在游览美景，更是在用孝心编织着一段段美好的记忆。母亲的突然离世，让她们更加珍惜与父亲相处的每一刻，她们知道，时间不等人，孝敬父母更不能等。于是，她们带着父亲，用旅行的方式，书写着属于她们的孝心传奇。

丁田一家，则有另一段孝心游的佳话。作为驻汉某部军官的丁田，每年都和两个妹妹趁着公休假，开车带父母出游。北至黑龙江，南到海南岛，东至上海崇明岛，西至云南西双版纳，九年间，他们跨越了26个省、市，行程达4.5万公里。每一次旅行，都是一次家庭的盛宴。丁田负责开车，保障家人的安全；大妹妹是财务，管理着行程的花销，同时监督司机的安全行车；小妹妹则是记录员，用镜头和笔触记录下每一个温馨的瞬间。而偶尔随行的小字辈，则是全家的"开心果"，他们用稚嫩的笑声，为两位老人带来了无尽的欢乐。在旅行中，他们严格遵循着"早上出发，晚上住宿"的原则，

二、安乐窝

每到一个休息点,全家人都会下车做一套广播体操,舒缓筋骨,享受大自然的馈赠。

如果说关孝艳姐妹和丁田一家的孝心游是自驾游的典范,那么谢淑华的故事,则更加令人动容。63岁的退休女教师谢淑华,为了尽孝道,徒步走了2.5万里,穿过了20多个省、市,用人力车拉着年过九旬的老母亲游历各地。因为母亲晕车,只能坐板车,谢淑华便用特制人力板车拉着母亲,靠一本地图册和沿路问人,以每天80里的速度行走。从上海东方明珠塔到江苏玄武湖,从河南少林寺到北京天安门,每一处景点都留下了她们母女俩的足迹。在旅途中,谢淑华不仅收获了母亲的笑容,还意外地治好了自己的疾病。她感慨地说:"虽然一路风餐露宿,但我们特别高兴。出来后母亲的心情特别好,一辈子没见她这么开心过,这就是我最大的满足。"这份简单而真挚的幸福,是任何物质都无法替代的。

这些孝心游的故事,犹如一卷卷细腻温婉的画卷,缓缓在我们眼前铺展。它们不仅生动展现了儿女对父母深沉而真挚的情感,更深刻揭示了亲情的力量以及旅行背后那份深远的意义。在孝心游的征途中,他们不仅亲

潮爷潮奶：打开老年安乐生活的N种方式

眼见证了祖国山川的壮丽，更在心灵的田野上播撒下一颗颗爱的种子。这些爱的种子，在时光的滋养下，日渐茁壮，最终成为他们人生旅途中最璀璨夺目的瑰宝。这些故事，是孝心的赞歌，是陪伴的温馨，是感恩的泪水，是爱的宣言。它们如同一盏盏璀璨的明灯，照亮了我们人生的旅途，也提醒我们要倍加珍惜与家人共度的每一分每一秒。让我们携手，以爱为舟，共赴这场孝心之旅。旅途之中，我们收获的不仅仅是眼前的美景与欢声笑语，更是那份无可替代、纯净如初的亲情。

14

舞出精气神

广场舞，这一舞蹈艺术中的庞大系统，以其独特的魅力，在广袤的中华大地上绽放着绚烂的光彩。它因多在广场聚集而得名，融自娱性与表演性为一体，以集体舞为主要表演形式，以健身为主要目的，涵盖了佳木斯舞步、坝坝舞、水兵舞……各种类型交相辉映，宛如五彩斑斓的调色盘，描绘出普通大众的生活百态与民族风情。

广场舞起源于民间，根植于社会生活。历经数十载风雨洗礼，逐渐绽放出独特的光彩。它不受专业舞者的限制，而是由广大民众共同创造并传承，蕴含着无数人的智慧与汗水。因此，它因民族、地域、群体的差异而展现出千姿百态的面貌，每一支舞蹈都如同一个生动的

潮爷潮奶：打开老年安乐生活的N种方式

故事，诉说着这片土地上的风土人情。

夜幕降临，华灯初上，全国各地的广场上便奏响了悠扬的音乐。大妈们身着鲜艳的服装，踏着轻盈的步伐，翩翩起舞。她们的身影在灯光的映衬下，显得格外柔美动人。广场舞不仅深受老年人的喜爱，也逐渐吸引了年轻人的目光，他们在这片舞台上共同挥洒汗水，感受舞蹈带来的快乐与激情。

广场舞的魅力，不仅在于它作为锻炼方式强健体魄的实效，更在于它抚慰心灵、愉悦精神的独特作用。随着旋律的流淌，舞者们全神贯注于每一个节拍，将美感与热情融入舞步之中，让身体得以放松与恢复，更在音乐的洗礼与舞蹈的韵律中，使人们忘却尘世烦恼，释放内心压力，达到心灵的宁静与愉悦。

广场舞的益处广泛而深远。它如心灵的疗愈剂，用动人的旋律与优雅的舞姿驱散忧愁、净化心灵；它也是大脑的激活器，排舞的反复练习能有效延缓记忆力衰退，保持大脑的敏锐与活力。此外，广场舞还能塑造健美的体态，提升身体的协调性，强化肌肉力量，增加骨骼密度。尤为重要的是，作为体育锻炼的一种形式，它

二、安乐窝

显著改善心肺功能,加速新陈代谢,促进消化系统健康,缓解大脑疲劳与精神紧张,从而达到增强体质、提升健康水平、延缓衰老的显著效果。

在我国,广场舞正处于蓬勃发展的态势,深受广大民众的喜爱。从山西的村村有广场舞蹈活动,到上海每年举办的"舞林大会",广场舞已经成为人们生活中不可或缺的一部分。在这些广场舞爱好者中,不乏一些感人至深的事迹。

在山西的一个小村庄里,有一位年近七旬的老奶奶,她每天都会准时出现在村里的广场上,带领大家跳广场舞。尽管年事已高,但她的舞姿依然矫健,她精神依然矍铄。她告诉记者,广场舞不仅让她保持了健康的身体,还让她找到了生活的乐趣和归属感。在她的带领下,广场舞的队伍日益壮大,吸引了众多村民的加入,使得这个小村庄焕发出更加蓬勃的生机。

而在上海"舞林大会"的舞台上,徐汇区漕河泾社区文化活动中心男子舞蹈队的作品《摇滚上海》更是让人心潮澎湃。这支舞蹈队的成员年龄都在60岁以上,最大的已经80岁高龄。但他们穿着牛仔背心、抱着电吉他

潮爷潮奶：打开老年安乐生活的N种方式

出现在舞台上时，全场观众都为之沸腾。他们的舞姿虽然不如年轻人那般矫健，但那份对生活的热爱和对舞蹈的执着却深深打动了每一个人。在他们的身上，我们看到了广场舞的魅力所在——它不仅是一种舞蹈形式，更是一种生活态度和精神追求。

此外，广场舞还是两岸民众喜闻乐见的文娱活动之一。自2017年起，厦门思明区文化馆与台湾的艺术团体合作创编了多个教程和舞蹈体验曲目。这些广场舞曲目在台北、新北、台中、彰化、宜兰、金门等多个县市被推广，吸引了数万人次的民众参与。两岸舞者通过网络连线，跨越时空的界限，共同演绎着舞蹈艺术的魅力。在2020年的"海峡两岸原创广场舞"展演活动中，来自厦门和台中的优秀舞者共同演绎了多个舞蹈作品。这些作品不仅展现了两岸的舞蹈艺术和文化精髓，更在欢歌笑语中增进了两岸同胞的情感交流和文化认同。

广场舞，这一民间艺术的瑰宝，正以它独有的方式绽放着绚丽的光彩。它不仅是一项健身活动，更是一种文化现象、一种生活方式。它让人们在舞动中找到了快乐和健康，在忙碌的生活中找到了一片属于自己的天

二、安乐窝

地。在这片舞台上，人们用舞蹈诉说着对生活的热爱与追求，感受着舞蹈带来的美好与幸福。同时，广场舞也让人们在交流中增进了了解和友谊，成为连接彼此心灵的桥梁。

15

摇滚奶奶

对于老年群体而言,音乐宛如一股清泉,不仅能够滋养心灵、陶冶性情,还能有效延缓脑部及身体各项机能的衰老进程,缓解内心的孤寂感。它如同一把钥匙,解锁了通往更高精神境界的大门,促进了人际间的和谐交流,显著提升了老年人的幸福感受。正因如此,众多老年人勇敢地站上舞台,将心中那份对音乐无尽的热爱与年轻时未曾达成的音乐梦想,化作一曲曲动人的旋律,尽情展现给世界。

徐素琴,一位来自山东青岛的"摇滚奶奶",年轻时酷爱唱歌,却因声带手术而失去了甜美的嗓音。然而,这并未击垮她对音乐的热爱与追求。相反,她鼓起勇气,大胆尝试摇滚音乐,以沙哑而富有磁性的嗓音,

二、安乐窝

唱出了属于自己的摇滚风格。她头戴铆钉棒球帽,脚蹬马丁靴,一身朋克风装扮,神采飞扬,仿佛岁月在她身上并未留下痕迹。在舞台上,她全身心地投入,每一个音符都跳跃着她的激情与活力。她的坚持与热爱,让她成为观众喜爱的歌手,被誉为"女版崔健",并受到央视、地方卫视各大综艺节目的热情邀请。徐素琴用摇滚音乐诠释了"人老要会玩,心态时尚,思想时尚"的人生哲学,她表示要一直唱下去,直到唱不动、跳不动的那天,即使住进养老院,也要把摇滚精神传递下去。

而在浙江杭州,也有一位同样热爱摇滚的"摇滚奶奶"——董云蓉。年近八旬的她,因翻唱王菲的《因为爱情》而走红网络,相关微博甚至吸引了王菲本人的转发评论。董云蓉的嗓音深情而富有感染力,她的吉他演奏也娴熟自如。她不仅自己热爱音乐,还积极组织吉他班,带领一群同样热爱音乐的老人共同追求音乐梦想。当这群老人在央视《星光大道》的舞台上高声演唱《怒放的生命》时,他们的摇滚精神彻底点燃了现场的气氛。观众们打开手机电筒,随着鼓点摇摆与表演者互动,那一刻,年龄、身份、地位都变得不再重要,只有音乐和

潮爷潮奶：打开老年安乐生活的N种方式

梦想在夜空中自由飞翔。

他们穿着皮裤、戴着墨镜、弹着电吉他，在河边、在公园、在舞台上，用音乐传递着对生活的热爱、对梦想的追求，展现了老年人独有的风采与活力。他们的表演不仅让观众为之动容，更激发了更多老年人追求梦想、享受生活的热情。

徐素琴和董云蓉的故事，是老年人追求梦想、挑战自我的生动写照。她们用实际行动证明了，年龄从来不是追求梦想的障碍，只要心中有梦，就能用音乐点燃夕阳红，绽放出属于自己的光彩。她们的故事激励着更多老年人勇敢地追求自己的梦想，活出自我、活出精彩。她们用一往无前的行动诠释了摇滚精神——勇敢、自由、不羁，永远保持对生活的热爱与追求。

16
爷孙乐

有一首歌叫《爷孙乐》，描绘了中国传统家庭中爷爷奶奶为儿孙忙碌、无私奉献的生活场景，情感真挚，富有感染力。歌词中"叫声爷爷他的心如蜜糖，从早到晚爱看他的小模样，再苦再累陪他捉迷藏，仿佛他又回到少年郎"等描写，生动展现了爷孙之间的亲密互动，充满了童趣与温馨。

辽宁省沈阳市退休教师王奕中接受采访时，和大家分享了他和孙子之间快乐相处与心灵沟通的奥秘，带领我们走进那些洋溢着欢声笑语、充满着爱与智慧的日常瞬间，感受那份跨越时光的温情与美好：

阳光透过斑驳的树影，洒在祖孙俩身上，为平凡的午后增添了几分温馨与惬意。爷爷手持一把大蒲扇，轻

潮爷潮奶：打开老年安乐生活的N种方式

轻摇曳，仿佛在为这个世界扇去所有的烦恼与忧愁。小孙子则像只活泼的小鸟，围着爷爷转圈圈，不时发出银铃般的笑声，清脆悦耳，直抵人心。

"爷爷，给我讲个故事吧！"小孙子眨巴着好奇的大眼睛，满脸期待地望着爷爷。爷爷微微一笑，眼神中闪烁着智慧的光芒，随即开启了一段段关于勇气、智慧与爱的传奇故事。故事里，英雄与恶龙搏斗，智者解开谜题，善良的人们最终收获幸福。每一个情节都让小孙子听得入迷，时而紧张屏息，时而欢呼雀跃，仿佛自己也成为故事中的一员。在爷孙俩的欢声笑语中，时间悄然流逝，留下了满满的幸福与温馨。这份简单而纯粹的快乐，正是爷孙相处之道的精髓所在——用爱编织故事，用笑声温暖彼此的心房。

夏日的傍晚，微风轻拂，爷孙俩踏上了探索自然的奇妙旅程。小孙子穿着轻便的小短裤，背着装满探险工具的小背包，跟在爷爷身后，好奇地四处张望。爷爷则穿着舒适的布鞋，步伐稳健，仿佛每一步都踏在了岁月的节拍上。他们来到了一片郁郁葱葱的小树林，树木高耸入云，枝叶繁茂，为大地投下了一片片凉爽的绿荫。

二、安乐窝

小孙子兴奋地穿梭在林间小道上，不时停下脚步，指着树上的小鸟、地上的蚂蚁，向爷爷提出一连串的问题："爷爷，为什么鸟儿会飞？""蚂蚁为什么能搬动比自己重的东西？"爷爷耐心地一一解答，用通俗易懂的语言揭示了大自然的奥秘，让小孙子对这个世界充满了无限的好奇与敬畏。在自然的怀抱中，爷孙俩不仅收获了知识，更收获了心灵的宁静与自由。他们一起观察昆虫的爬行，聆听鸟儿的歌唱，感受风的轻抚，雨的滋润。这份与自然和谐共处的快乐，让爷孙间的情感更加深厚，也让小孙子的童年充满了色彩与梦想。

在爷孙的世界里，技艺的传承不仅是一种技能的传递，更是一种精神的延续。爷爷是一位擅长书法与园艺的智者，他用自己的双手，书写着人生的哲理，培育着生命的奇迹。小孙子则像一块未经雕琢的璞玉，等待着爷爷用爱与智慧去雕琢。每当夕阳西下，爷爷便会铺开宣纸，拿起毛笔，挥洒自如地书写着一个个苍劲有力的汉字。小孙子则搬来小板凳，坐在爷爷身旁，目不转睛地看着爷爷的一笔一画，心中充满了对书法艺术的向往与敬畏。在爷爷的悉心指导下，小孙子也尝试着拿起毛

潮爷潮奶：打开老年安乐生活的N种方式

笔，虽然笔触稚嫩，但那份认真与执着却让人动容。除了书法，爷爷还教会了小孙子如何照料花草，如何修剪枝叶，如何欣赏花卉的美丽与芬芳。在园艺的世界里，小孙子学会了耐心与细心，也学会了尊重生命、珍惜自然的馈赠。这些技艺的传承，不仅让小孙子掌握了一门门实用的技能，更点燃了他心中的智慧之光，让他在未来的道路上，能够勇敢地追求自己的梦想与理想。

爷孙之间的心灵沟通，是维系这份深厚情感的纽带。爷爷深知，与孩子沟通，不仅要有耐心，更要有同理心。他常常蹲下身子，与小孙子平视，温和地倾听他的心声。无论是喜悦还是烦恼，爷爷总是耐心倾听，给予最真挚的回应。小孙子也学会了如何向爷爷表达自己的感受。他不再害怕说出自己的想法，无论是学习上的困惑，还是生活中的小烦恼，他都会勇敢地与爷爷分享。爷爷总是用他那充满智慧的话语，为小孙子指点迷津，让他学会如何面对生活的挑战，如何珍惜眼前的幸福。爷孙俩还喜欢一起阅读，共同探索书籍中的奇妙世界。他们一起讨论书中的故事，分享彼此的感受与见解，这不仅拓宽了小孙子的视野，也加深了他们之间的

二、安乐窝

情感联系。在阅读的时光里，爷孙俩仿佛成了最亲密的朋友，共同分享着知识的喜悦与心灵的成长。

在爷孙相处的日子里，每一次的欢笑与泪水，都成为他们共同成长的见证。爷爷用自己的经历与智慧，为小孙子指引方向，教会他如何面对生活中的挫折与困难；而小孙子则以自己的纯真与活力，为爷爷的世界带来了无尽的欢乐与希望。他们一起度过了无数个难忘的瞬间：在夏日的夜晚，仰望星空，讲述着关于宇宙的奥秘；在冬日的早晨，堆雪人、打雪仗，享受着冰雪世界的乐趣；春秋两季，则漫步于田野间，感受着大自然的韵律与节奏。这些美好的时光，如同一幅幅动人的画卷，记录着爷孙俩携手成长的足迹。

在爷孙的世界里，快乐相处与心灵沟通之道并不复杂。它无需华丽的辞藻，也无需刻意的安排，只需用心去感受、去珍惜每一份陪伴与关爱。爷爷用自己的爱与智慧，为小孙子撑起了一片天空；而小孙子则以自己的纯真与感恩，回报着爷爷的无私付出。这份跨越时光的深情厚谊，将成为他们心中永恒的宝藏，照亮彼此的人生道路。

潮爷潮奶：打开老年安乐生活的N种方式

　　爷孙共舞的温馨篇章，是一首关于爱与智慧的赞歌。它告诉我们：在人生的旅途中，有一种快乐叫作陪伴，有一种幸福叫作传承，还有一种力量叫作心灵沟通。让我们珍惜这份难得的缘分，用心去感受爷孙间的深情厚谊，共同书写人生美好篇章吧！

17

好婆婆

张幼仪,这位生于晚清1900年,卒于1988年的传奇女性,她的一生,如同一部跌宕起伏的史诗,既承载着旧时代的烙印,又绽放出新时代的光芒。作为徐志摩的前妻,她经历过婚姻的苦涩与背叛,但正是这些经历,铸就了她坚韧不拔的性格和深邃的智慧,使她成为一位有文化、有事业、有魅力又时尚的知性女性,也是一位令人敬仰的"好婆婆"。

张幼仪出身于书香门第,自幼便受到良好的教育。她不仅精通诗词歌赋,更对西方文化有着浓厚的兴趣。然而,命运似乎并不眷顾这位才女,她被迫进入了一段包办婚姻,与诗人徐志摩结为连理。在这段婚姻中,张幼仪虽然全心全意地付出,却始终未能赢得徐志摩的心。面对丈夫的冷漠与背叛，张幼仪没有选择沉沦，而是勇敢地走出家庭，追求自我成长与独立。她留学海外，学习新知识，开阔眼界，最终成为一位在服装行业颇有建树的女强人。

然而，张幼仪的传奇并未止步于此。作为一位母亲和婆婆，她更是以无尽的智慧和深沉的爱，为家族带来了温暖与和谐。她的儿子徐积锴，在她的精心培育下，成长为一个才华横溢、有责任感的男人。当徐积锴到了适婚年龄时，张幼仪更是亲自为他物色了一位既漂亮又知书达理的儿媳——张粹文。

张粹文初入徐家时，只是一个有着高中学历的家庭主妇。但张幼仪并没有因此而轻视她，反而以一颗慈母之心，耐心地教导她，鼓励她追求自我成长与独立。她深知，一个优秀的女性，不应该仅仅局限于家庭，更应该有自己的追求和事业。于是，张幼仪不仅为张粹文请来了家庭教师，还亲自为她规划了未来的人生道路。在张幼仪的悉心教导下，张粹文逐渐成长为秀外慧中的女性，与徐积锴的感情也日益深厚。

1947年，徐积锴获得了赴美留学的机会。面对即将

二、安乐窝

到来的离别，张粹文虽然心有不舍，但还是选择了留在家中照顾孩子。然而，张幼仪却坚决反对这个决定。她认为，夫妻之间应该相互扶持，共同成长。于是，她力排众议，坚持要求张粹文陪同徐积锴一起出国留学。在张幼仪的坚持下，徐积锴和张粹文一起踏上了留学的征程，而张幼仪则在国内独自承担起了抚养四个孙辈的重任。

在异国他乡，徐积锴和张粹文相互扶持，共同奋斗。徐积锴在哥伦比亚大学攻读商科，而张粹文则在特拉法根设计学院学习时装设计。两人的感情在共同的努力中越发深厚，最终都取得了不俗的成就，张粹文更是成为一名优秀的服装设计师，她的作品在纽约最好的服装店展览，甚至进入了博物馆。这一切的成就，都离不开张幼仪的悉心教导和无私付出。

张幼仪家族的传奇并未因岁月的流逝而黯淡，张粹文的儿媳包舜如成为这个大家庭的第三代女性。包舜如出生在一个知识分子家庭，从小就展现出了对科学和艺术的双重热爱。在张幼仪和张粹文两代婆婆的影响下，包舜如不仅继承了家族的文化底蕴和优雅气质，更以她

潮爷潮奶：打开老年安乐生活的N种方式

独特的智慧和勇气，在科技领域书写了自己的辉煌。她利用自己的科技专长，推动了家族文化的传承与创新，创建了"张幼仪文化基金会"，致力于推广家族文化，资助教育和科研项目，特别是那些旨在促进女性科技人才成长的项目。

包舜如还积极推动家族与国际社会的交流与合作，她组织了一系列的文化交流活动，邀请国内外学者、艺术家和科技精英来到家族老宅，共同探讨科技与文化的融合之道，促进了东西方文化的深度对话与理解。在她的努力下，张幼仪家族不仅成为连接传统与现代的纽带，也成为推动社会进步和文化交流的重要力量。

张幼仪的一生，是智慧与爱的传奇。她不仅以自己的才华和魅力赢得了世人的尊重，更以婆婆的身份，为家族树立了榜样。在张幼仪的引领下，张粹文和包舜如两代女性继续传承着家族的荣耀与梦想，共同书写着张幼仪家族跨越时代的辉煌篇章。她们的故事，如同一部动人的史诗，讲述着智慧、勇气与爱的传承，激励着无数人去追求自我成长，去珍惜家庭与亲情，去创造更加美好的未来。

18
"神仙眷侣"

有一首歌是这样唱的：

做一对神仙眷侣爱着你，就像西施范蠡的不离不弃，任凭岁月逝去相爱相依，携手共渡，将爱情完美演绎。做一对神仙眷侣爱着你，就像牛郎织女的一心一意，爱你永不停息相偎相依，携手陪伴一生，去温暖那广袤的天地。

在现实生活中，这样的美妙场景并非虚幻，有的老两口相亲相爱数十年，共同迎来了令人羡慕的"钻石婚"，乃至更为珍贵的"橡树婚"。

在河北邯郸，就有这样一对令人羡慕的老夫妻——

潮爷潮奶：打开老年安乐生活的 N 种方式

王养昭与李凤娥。王养昭出身于书香门第，自幼便与笔墨结缘，7 岁起便临帖习字，这份对书画的热爱，他坚守了几十年，退休后更是笔耕不辍。而李凤娥，虽然对书画艺术了解不深，但她却用自己独特的方式默默支持着老伴。她喜欢静静地看老伴写字、画画，为他铺纸、研墨，那份专注与深情，仿佛也在无声地诉说着他们的爱情故事。

2020 年 7 月 26 日，这一天对他们来说意义非凡，是他们携手共度 60 年的"钻石婚"纪念日，同时也是李凤娥 82 岁的寿辰。为了庆祝这个特殊的日子，83 岁的王养昭精心挑选了上百幅自己的书画作品和珍藏的字画，举办了一场别开生面的书画展。亲朋好友纷纷前来祝贺，他们在欣赏书画的同时，也为这对"神仙眷侣"的不渝爱情送上了最真挚的祝福。

而在江苏邳州市新河镇龙化村，还有一对更加传奇的百岁老夫妻——王鹏启与孔广英。他们相濡以沫 80 多年，共同走过了无数个春夏秋冬。83 年前，他们凭父母之命、媒妁之言走到了一起，从此便在这个安静的小村庄里扎下了根。他们生育了三儿两女，如今已是五世同堂、

二、安乐窝

七十多口的大家庭，成为村里人人羡慕的幸福典范。

走进老两口的家，一股朴素而温馨的气息扑面而来。土锅、水井、鸡窝，还有院里那四个大磨盘，一切都显得那么"原生态"。尽管岁月在他们身上留下了痕迹，但他们的精神依然矍铄。王鹏启老先生面色红润，双目炯炯有神，走起路来大步流星；孔广英老太太虽然瘦弱一些，背有点驼，但精神也非常好。在这座建了40多年的小屋前，最常见的场景是：一个在读书看报，一个在穿针引线，他们耳不聋眼不花，从来不需要助听器、老花镜的帮助。

两位老人几十年如一日地互敬互爱、相互体谅。他们凡事有商有量，遇事从不计较。在那个包办婚姻盛行的时代，他们凭着一纸婚约走到了一起，婚前甚至未曾谋面。然而，"先结婚后恋爱"的他们却幸运地遇对了人。如今，他们对婚姻的理解早已超越了世俗的束缚："成亲就是成为亲人，比亲姊妹还要亲。"

谈及长寿的秘诀，两位老人笑得合不拢嘴。他们表示，主要是"生活方式健康，不爱生气"。他们一生不沾烟酒，吃饭不挑食，大鱼大肉不忌讳，青菜萝卜也能

潮爷潮奶：打开老年安乐生活的N种方式

度日。活了100多岁，他们从来没买过饭吃，顿顿都是自己亲手做。虽然一顿能吃掉一斤猪肉或鸡肉，但他们一天只吃两顿饭，晚上只喝点芝麻糊或奶粉，以保持消化顺畅。

这对百岁老人的故事早已传为佳话，吸引了越来越多的人前来探望。有的人争着跟他们合影，希望能沾一点"福气"；有的人则请他们缝制象征百年好合的香囊，以传递这份难得的爱心与祝福。老先生风趣地说："邳州来人了，徐州也来人了，南京的前几天刚来过！就差北京没来人了。"言语间充满了对生活的热爱与满足。

从青丝到白发，这两对老人家以他们独特的生活方式诠释了"原生态"的幸福真谛。他们的生活虽朴素却充满温馨，展现了健康生活方式与和谐家庭关系的力量。他们都以互敬互爱、相互体谅为基石，超越了时代的束缚，书写了关于爱情与亲情的传奇。他们的故事如同动人的画卷，不仅传递了长寿与幸福的秘诀，更成为人们心中永恒的温暖与感动。

19
最帅T台大爷

王德顺，东北硬汉，他的生活轨迹并非一帆风顺，但他却以不屈不挠的精神，书写了一段段精彩的人生篇章。44岁那年，他决定挑战自我，开始学习英语，这份对知识的渴望，让他在岁月的长河中，始终保持着年轻的心态。49岁，他毅然选择北漂，孤身一人，闯荡京城，那份决绝与勇气，让人心生敬佩。50岁，他开始健身，用汗水浇灌出坚实的肌肉，展现出他对生活的热爱与执着。

转眼间，王德顺已年近六旬。然而，他并未停下脚步，反而以更加饱满的热情，投身于新的领域。65岁，他学习骑马，驰骋在辽阔的草原上，那份自由与奔放，仿佛让他回到了年轻时代。78岁，他骑上摩托，风驰电

潮爷潮奶：打开老年安乐生活的 N 种方式

掣，感受速度与激情的碰撞。79岁，他更是勇敢地走上了T台，以满头白发、满脸络腮胡的形象，潇洒走秀，那份自信与从容，让全场为之沸腾。他的台风超稳，每一步都走出了风采，每一步都彰显了魅力。即使与年轻男模同台竞技，他也毫不逊色，甚至更胜一筹。他的出现，仿佛为T台注入了一股新的活力，让人眼前一亮。

年过八旬，王德顺并未停下追求的脚步。他依然在研究音乐，用旋律抒发内心的情感，用音符记录生活的点滴。他的生活，充满了艺术的气息，他的每一刻，都在创造着美。

王德顺的演艺生涯同样丰富多彩。从古装宫廷喜剧到武侠电视剧，从动作魔幻电影到都市爱情电影，他塑造了一个又一个鲜活的角色，为观众带来了无尽的欢乐与感动。他的演技精湛，他的表演自然，他的每一个眼神、每一个动作，都充满了力量与情感。

2015年3月25日，是王德顺人生中的"高光时刻"。在北京798艺术中心国际时装周发布的秋冬时装会上，他半裸走秀，台风稳健，气场强大，仿佛一位降临凡间的老神仙。他的出现，瞬间点燃了全场的热情，让观众

二、安乐窝

为之疯狂。他的照片在网上迅速流传开来，成为网友们热议的话题。他被网友亲切地称为"高龄青年""中国最帅T台大爷"，这份荣誉，是对他多年来不懈努力的最好肯定。

　　王德顺的一生，是不断挑战、不断突破的一生。他用自己的行动诠释了"活到老，学到老"的真谛，让我们看到了生命的无限可能。他的故事，如同一部励志的教科书，激励着无数老年人去追求自己的梦想，去创造属于自己的精彩人生。

20
老年电竞战队

在河南省许昌市,有一座不同寻常的养老院,它不仅因提供免费入住服务而引人注目,更因一支老年电竞战队的成立而声名大噪。这一切的背后,是一位95后年轻人樊金林的不懈努力与创新梦想。

樊金林,一个心怀壮志的青年,他的故事始于对奶奶的深情厚谊。大三那年,奶奶不慎摔倒住院,他毅然决然地放下学业,全身心投入照顾奶奶的生活中。在那段日子里,他深刻体会到老年人对于陪伴、关爱以及精神生活的渴望。于是,一个念头在他心中悄然生根发芽——创办一家养老院,让奶奶和更多老年人拥有一个温馨、快乐的晚年。

毕业后,樊金林没有选择安逸的职业道路,而是毅

二、安乐窝

然踏入养老行业。他凭借自己的专业知识和不懈努力，很快在许昌市开办了第一家养老院。然而，他并未满足于此，而是不断思考如何为老年人提供更加丰富多彩的生活。在一次偶然的机会中，他萌发了组建老年电竞战队的想法，希望通过这种方式激发老年人的活力与激情，让他们也能享受到电子竞技带来的乐趣。

起初，这个想法并不被看好。许多人认为，电子竞技是年轻人的专属领域，老年人难以涉足。然而，樊金林却坚信，年龄从不是追求快乐的障碍。他亲自挑选了几位对电子竞技感兴趣的老人，并为他们提供了专业的训练设备和教练团队。在他的悉心指导下，老人们逐渐掌握了游戏技巧，甚至开始在线上比赛中崭露头角。

张佩花，是这支老年电竞战队中的佼佼者。她是一位退休文员，电脑操作熟练，性格开朗。在樊金林的邀请下，她加入了养老院并成为电竞战队的一员。每天下午，她都会准时来到电竞训练室，与队友们一起研究战术、练习操作。在她的带领下，战队成员们的技术水平不断提高，他们在线上比赛中屡获佳绩。

除了电竞战队，樊金林还积极引入其他现代化娱乐

潮爷潮奶：打开老年安乐生活的N种方式

设施，如VR室、茶室等，为老年人提供更加多元化的生活体验。他深知，老年人也有自己的梦想和追求，他们渴望被关注、被尊重、被理解。因此，他始终将老年人的需求放在首位，努力为他们打造一个温馨、和谐、充满活力的养老环境。

然而，这条道路并非一帆风顺。随着养老院的知名度不断提高，樊金林也面临着越来越多的质疑和挑战。有人质疑他利用老年人赚取流量，有人担心电子竞技会影响老年人的健康。面对这些质疑和挑战，樊金林始终保持着坚定的信念和冷静的头脑。他耐心解释自己的初衷和理念，用实际行动证明自己的决心和能力。在樊金林的带领下，养老院逐渐成为许昌市的一张亮丽名片。越来越多的老年人选择来到这里安度晚年，他们在这里找到了新的朋友、新的乐趣、新的生活方式。他们用自己的行动证明，电竞不仅仅属于年轻人，同样属于每一位热爱它、追逐它的老年人。

在带领老年电竞战队的征途中，樊金林不断蜕变与前行，他凭借聪明才智与不懈努力，绘制出独一无二的人生画卷。与此同时，他让社会大众将目光投向了老年

二、安乐窝

人的精神世界，使他们得以拥有更多展现自我、实现人生价值的舞台。在养老院内，老人们以悠然自得的心态投入电竞训练中，坦然接受岁月的流逝，并以一种积极向上、阳光乐观的态度去拥抱晚年的每一天。樊金林的这番努力，不仅极大地丰富了老年人的精神文化生活，更为他们搭建了一个展现自我风采、实现晚年价值的璀璨舞台。在他的引领下，老人们不仅在游戏中找到了乐趣，更在人生的黄昏阶段绽放出别样的光芒与活力。

21
时尚乐龄人

在时光的长河中，有这样一位不凡的女性，她以一颗永不言老的心，书写着属于自己的精彩篇章，她就是被亲切地称为"神仙奶奶"的盛瑞玲。

盛瑞玲，中国矿业大学的退休医生，她的人生路，如同一条蜿蜒曲折的河流，既有波澜壮阔的激荡，也有静水流深的宁谧。1962年，正值青春盛年的她，积极响应国家的号召，与丈夫一同踏上了援藏的征途，成为那曲人民医院的一名医生。在那片海拔五千多米、条件极其艰苦的雪域高原上，她不仅用自己的医术救治了无数的生命，更在艰难的环境中磨砺出了坚韧不拔的意志和超乎寻常的耐力。

1992年，一场突如其来的车祸，让盛瑞玲的腰椎遭

二、安乐窝

受了严重的损伤——腰椎压缩性骨折。在那段难熬的日子里，由于身体的限制和过度的滋补，她的体重骤增，从原来的96斤攀升到了126斤。盛瑞玲以惊人的毅力和决心，开始了自己的健康之路。她调整了食谱，注重营养均衡，既追求食物的丰富多样，又坚持清淡易消化的原则。同时加强锻炼，尝试了各种运动方式，虽然起初效果并不明显，但她从未放弃。后来，她发现走路竟然是一种既锻炼身体又能愉悦心情的好方式，于是，她放弃了坐公交车，开始享受走路带来的乐趣，挺胸、收腹、大步流星，以常人难以企及的速度行走。她甚至自创了一套有氧运动疗法，以此来保持自己的体力和精神状态。

就这样，不到半年的时间，盛瑞玲的血压、血糖就恢复了正常，完全摆脱了药物的依赖。从此，她不仅养成了运动的习惯，还总结出了一套适合自己的食谱，并一直坚持至今。她每年体检的各项身体指标都基本正常，有的甚至优于年轻人，她的精气神更是远远超过了同龄人。

2003年，盛瑞玲的老年生活迎来了新的篇章。她的

潮爷潮奶：打开老年安乐生活的N种方式

照片登上了《中国老年》杂志的封面，这让她兴奋不已，感觉自己仿佛成了一个"明星"。从那以后，她开始更加注重自己的形象，言谈举止、穿衣打扮都力求得体大方，不辜负"中国老年"的形象。她穿上了紧身衣，衣柜里的衣服也变得五颜六色起来。走在街上，"时尚辣妈"的回头率极高，这让她变得更加自信开朗。

随着知名度的提升，盛瑞玲开始受邀担任各种广告的形象代言人。她始终坚持自己的原则，不为了金钱而忽悠老年人。她用自己的亲身经历为保健品做宣传，赢得了厂家的信任和尊重。她还与小到8岁大到80岁的专业模特共事，甚至与成龙、杨澜、徐帆、濮存昕等大腕明星合作过，共同演绎着各种情感真挚的广告故事。但让她特别有成就感的还是拍摄公益广告，她希望通过这种方式传播正能量、弘扬"老西藏精神"。

如今，逾九十高龄的盛瑞玲依然保持着那份优雅和时尚。她深知，岁月可以带走青春和容貌，但无法夺走内心的美丽和从容。她依然坚持健康的生活习惯，关心朋友、分享快乐、珍惜友谊。在她看来，女人的美丽没有年龄界限，每一个女性都有权利追求属于自己的美丽

二、安乐窝

和幸福。

盛瑞玲说："我是一个用笑容传播正能量的时尚乐龄人。"她用自己的行动诠释着什么是真正的优雅和时尚。她告诉我们，无论生活怎样变化，都要保持快乐的心态和一颗童心，用微笑面对生活中的每一个挑战和困难。她用自己的故事告诉我们：女人的美丽没有年龄界限，每一个女人都可以是美丽的。她善于打扮自己，得体而美丽的衣着是她气质和修养的体现。闲暇时光里，她会走到户外拍摄照片，展示自己的形象和风采。

盛瑞玲的人生是一部充满传奇色彩的作品，她的故事如同一束温暖的光芒，照亮了人生的每一个角落。她用自己的经历告诉我们：岁月可以夺走我们的青春和容貌，但永远夺不走我们的优雅和时尚。无论遭遇何种困境，只要我们拥有一颗不肯服老的心和乐观向上的生活态度，就能够创造出属于自己的精彩人生。她就是这样一位时尚乐龄人，用笑容传播着正能量，让每一个人都能感受到生命的无限可能。

22

摩登老太

在杭州这座历史与现代交织的城市里,有一位被岁月温柔以待的老人,她以"摩登老太"的昵称在网络上走红,用她的故事和才情,感染着每一个渴望美好生活的心灵。她,就是周玲。

走进周玲的家,一股淡雅的书香扑面而来。墙上挂着几幅她亲手拍摄的西湖荷花照片,每一朵都似乎在诉说着她对生活的热爱。周玲生于1928年,一个跨越世纪的优雅灵魂。她的人生,如同一幅丰富多彩的画卷,既有过音乐教师的悠扬旋律,也有过杂志编辑的笔墨飞扬。热爱生活,爱好文学,她的心中始终怀揣着一个梦想——写出无愧于时代的作品。这份执着与热爱,让她在中国散文学会和中国报告文学学会中,留下了属于自

二、安乐窝

己的足迹。

退休后的生活并未让周玲停下脚步。在命运的转折点上，79岁的她迎来了新的篇章。2007年，中央电视台在杭州录制《相约杭州，百岁重阳》文艺晚会，周玲有幸成为现场的聆听者。当主持人们集体朗诵起《老年是一首秋天的诗》时，那些深邃而富有哲理的诗句，如同一股清泉，滋润了她干涸的心田。她恍然大悟，老年并非生命的终点，而是另一种开始，一种更接近生命本真的状态。

从此，周玲的生活焕发了新的生机。她悉心照料瘫痪在床的老伴，用爱与坚韧书写着相濡以沫的深情。同时，她也不忘为自己的生活寻找乐趣。在女儿的帮助下，她勇敢地迈出了接触网络的第一步，以"摩登老太"的名字开设了自己的博客。这个小小的网络空间，成为她分享才情、传递温暖的舞台。

她的文字，如一股清流，缓缓流淌在读者的心间。那些关于生活、关于梦想、关于美好的感悟，如同一颗颗璀璨的珍珠，串联起她丰富多彩的人生。网友们为她的才华和坚韧所折服，博客的访问量迅速攀升。2013年，

潮爷潮奶：打开老年安乐生活的N种方式

周玲的《心之泉的琤琮》出版了，这是她多年心血的结晶。书中的每一个字、每一句话，都凝聚着她对生活的热爱和对美好的追求。

除了文字创作，周玲还热爱摄影。她参加了老年大学的摄影班，学习了视频制作和智能手机的各种功能。每到西湖荷花盛开的季节，她都会带着相机去捕捉那些美好的瞬间。时髦的装束、专注的神情和神采飞扬的样子，使她成为西湖边上一道亮丽的风景线。网友们亲切地称她为"荷花奶奶"，她的照片也成为爱好摄影的发烧友们镜头里最美的风景。

岁月悠悠，周玲始终保持着对生活的热爱和对美的追求。她坚持跳健美操，保持身材；穿着素雅合身的旗袍，注重款式和颜色的搭配；手上总是戴着手套，既遮手部皱纹又起到点缀的作用。每天起床后，她都会化上淡淡的妆，让自己以最好的状态迎接新的一天。她认为，老年人化点淡妆是对自己的鼓励，每个阶段的人都有自己的美，老年人也有属于自己的独特魅力。

如今的周玲，虽然已是网络上的红人，深受大家的关注和喜爱，但她依然保持着那份淡泊和宁静。她依然

二、安乐窝

忙于享受着属于自己的美好时光,将一周的时间安排得井井有条。她从不感叹容颜逝去、人生到头,而是用一颗年轻的心去拥抱每一个当下,好好沉淀自己,优雅地老去。

周玲的故事,如同一首动人的诗篇,吟唱着岁月的静好与生命的坚韧。她用实际行动告诉我们:活得精致美好,从来都与年龄无关。她以一颗年轻的心、以诗与梦为笔,绘就了属于自己的岁月之美。在摩登老太的世界里,年龄只是个数字,而美好永不止步。

23

活得有趣的"食神"

在繁华喧嚣的香港，有这样一位老人，他笑容可掬，谈吐风趣，用一生的智慧和经历，诠释着何谓"活得有趣"。他，就是被人们称为"食神"的蔡澜。

走进蔡澜的斑斓世界，宛如翻开一部充满传奇的电影剧本。从新加坡的出生，到日本的留学，再到香港的事业发展，蔡澜的人生如同一幅跨越时空的绚丽画卷。他多才多艺，跨界成就斐然，被誉为"香港四大才子"之一。电影制片人、美食家、专栏作家、电视节目主持人、商人等，这些身份使他的人生精彩纷呈。然而，最让人铭记于心的，还是他那份对生活的无限热爱和不懈追求。

蔡澜曾在《我决定活得有趣》一书中，以洒脱的笔

二、安乐窝

触写道:"平稳的人生,一定闷,我受不了闷,我决定活得有趣。"这句话如同一盏明灯,照亮了他精彩的人生道路,也启发了无数人对生活真谛的思考。

蔡澜的有趣人生,体现在他丰富多彩的生活角色中。作为电影制片人,他见证了香港电影的黄金时代,亲自参与创作了无数脍炙人口的经典影片。在邵氏、嘉禾等制片厂,他留下了深刻的足迹,用镜头捕捉了一个又一个动人的瞬间。他的电影作品不仅展示了他非凡的才华,更透露出他对人生和社会的深刻洞察。

然而,蔡澜的才华并未止步于电影领域。他还是一位备受尊敬的美食家,对美食有着独到的见解和追求。对他而言,食物不仅是满足口腹之欲的工具,更是一种生活态度和人生哲学。他爱吃、会吃,吃出了境界,吃出了哲理。他懂得从食物中感悟人生,从每一粒豆子、每一口饭菜中品味生活的细节和美好。他曾说:"吃不饱的菜,最妙。豆那么小,一颗颗吃,爱惜每一粒的滋味,也爱惜了人生中的一切细节。"这种对食物的珍惜和热爱,让他成为中央电视台《舌尖上的中国》的总顾问,也让网民们亲切地称他为"食神"。

潮爷潮奶：打开老年安乐生活的N种方式

蔡澜的美食观既接地气又充满诗意。他认为，对待美食并不是要忠实地成为它的粉丝，而是要"浅尝"。他倡导的是一种节制和克制的饮食方式，既享受美食带来的愉悦，又保持内心的平和与宁静。

除了电影和美食，蔡澜还热爱写作和主持。他的专栏文章幽默风趣、充满智慧，深受读者喜爱。他的电视节目《今夜不设防》创造了香港同时段电视节目的收视纪录，与黄霑、倪匡的搭档更是成为无数观众心中的经典回忆。

尽管已经取得了如此多的成就，但蔡澜从未停下前进的脚步。他依然保持着对生活的热爱和对美好的追求。他说："今天活得比昨天高兴、快乐，明天又要比今天高兴、快乐，仅此而已，这就是人生的意义，活下去的真谛。"

他呼朋唤友，谈天说地，美女美食相伴，尽享快意人生。然而，随着年龄的增长，他的饮食口味和处事观念也慢慢变得简单起来。他最喜欢的是白米饭，认为虽然不健康的食物会影响身体状况，但心理健康、发自内心的快乐才更重要，偶尔的放纵，不仅过瘾，也是清

二、安乐窝

福。这种对生活的淡然和洒脱,令人敬佩。

蔡澜的一生是精彩纷呈的一生,更是充满哲理的一生。他用自己的经历和智慧告诉我们:生活不仅是为了生存而奔波,更是为了体验和享受。他鼓励我们要多旅行、多阅读、多经历,去品味生活中的每一个细节,去珍惜每一刻的美好。

如今,蔡澜已年逾八旬,但他依然精神矍铄、活力四射。他用自己的故事和态度激励着无数人去追求更加美好、有趣的生活。在他看来,生活的真谛并不在于你拥有多少财富和地位,而在于你如何去面对和享受每一天。

"能够把平常的食物变成佳肴,是艺术,不逊于绘画、文学和音乐。人生享受也。""兴之所致地活,才算精彩。珍惜每一刻应得的享受,把人生充分地、活足了它。"这是蔡澜对生活的独特见解。他用自己的行动诠释了什么是真正的快乐和幸福。他的故事告诉我们:无论生活多么平凡和琐碎,只要我们用心去感受和品味,就一定能找到属于自己的那份乐趣和美好。

24

健康之声

在北京这座充满故事与梦想的城市里，有一群特殊的歌者，他们用悠扬的旋律唱响了生命的赞歌，用不懈的热情温暖了彼此的心房。他们，就是健康之声合唱团，平均年龄将近70岁，最长者已达95岁高龄。尽管岁月在他们的脸上留下了痕迹，但那份对生活的热爱和对音乐的执着，却让他们焕发出别样的光彩。

在晨曦初露的公园，在夕阳西下的湖畔，总能听到那熟悉的歌声，那是健康之声合唱团在深情演绎着红色经典，传递着爱与希望。从几十人到如今的4000多人，从最初的几曲小调到现在丰富多彩的专题歌会，这个合唱团早已成为北京一道亮丽的风景线。在这里，年龄不再是障碍，连行动不便、坐轮椅的老人们也满怀激情地

二、安乐窝

参与其中,他们用歌声诉说着对生活的热爱,用旋律搭建起友谊的桥梁。

合唱团里,每一位成员都怀揣着对音乐的热爱和对生活的向往。他们中有的是退休教师,有的是企业工人,还有的是来京帮带孙辈的"老北漂"。在这里,他们忘却了年龄的差异,忘却了生活的烦恼,只用心去感受音乐的魅力,用歌声去传递快乐和温暖。每当旋律响起,他们的脸上总是洋溢着幸福的笑容;每当看到指挥的手势,所有的烦恼似乎都烟消云散。音乐,成了他们晚年生活中最美好的陪伴。

李永康团长是合唱团的灵魂人物。他不仅有着专业的指挥才能,更有着一颗热爱音乐、热爱生活的心。他精心策划了数十台具有特色的专题歌会,每次歌会主题不同,内容丰富多彩。从妇女节到国庆节,从抗日战争到抗美援朝,每一首歌都承载着历史的记忆和民族的情感。在他的带领下,合唱团共组织举办了1200余场专题歌会,吸引了18万余人次参与。

老赵是合唱团里的"活跃分子",他总结了自己参加合唱团九年来的收获:"结识了歌友,陶冶了情操,愉

潮爷潮奶：打开老年安乐生活的N种方式

悦了心情，磨炼了意志，强健了体魄。"在他的心中，合唱团不仅是一个唱歌的地方，更是一个温暖的大家庭，一个让人忘却烦恼、重拾快乐的乐园。

音乐，是老年人快乐生活的秘诀。在合唱团里，他们通过唱歌来释放压力、调节情绪、锻炼身体。即使在疫情防控期间，合唱团也未曾停下前行的脚步。他们通过网络歌会的形式，继续传递着爱与希望。虽然隔着屏幕，但那份对音乐的热爱和对彼此的思念却从未改变。他们用歌声传递着力量，用旋律温暖着人心。

合唱团的初心便是为了促进成员们的健康。在合唱团中，歌唱时的发声练习能够有效扩大肺活量、增加肺泡通气量，进而提升呼吸功能。而纵情欢歌则是一种极佳的放松方式，能够舒缓身心，释放压力。李团长深知歌唱的益处，他鼓励大家将心中的不愉快通过歌唱宣泄出来。他常说："不论你是否擅长歌唱，只要你站在队伍中，大声喊出来，你就是我们合唱团的一员。大家敞开心扉，高声歌唱，再加上合唱团的各类活动，即便是站上两个小时，也完全能够满足健康人的活动需求。"许多歌友都深有体会，自从加入合唱团后，他们的身体

二、安乐窝

状况有了显著改善，心情也变得更加愉悦。他们开心地说:"一天不见面，都会想得慌。大家都约定将来一起养老，我们把这称为'合唱养老'!"

25

爷爷足球队

在满是烟火气的农贸市场深处,隐匿着一块绿茵场,这里是昆明市茨坝老年活动中心的足球场,也是一群爷爷的精神家园。这里,就是传说中的"爷爷足球队"——昆明一友足球俱乐部。

岁月悠悠,这支球队已经走过四十多年的风雨历程。1982年,几个怀揣足球梦想的昆一中校友,为了延续学校的足球文化,携手创立了这家俱乐部。那时,他们年轻气盛,足球是他们共同的信仰。如今,四十余载光阴如梭,他们中的许多人已步入花甲、古稀之年,但那份对足球的热爱,却从未减退。

球场虽简陋,却承载着他们的欢笑与汗水。这块接近标准的5人制球场,是他们自筹资金9万元建造的。

二、安乐窝

每当周二和周五,爷爷们便如约而至,换上战袍,踏上绿茵场,仿佛回到了青春岁月。他们奔跑、传球、射门,每一个动作都透露着对足球的执着与热爱。

球队里,年龄最大的队员已经88岁高龄,但依旧精神矍铄,活力四射。他们中,有警察、医生、自主择业的、京剧团唱戏的……各行各业的人因足球而结缘,因热爱而相聚。在这里,年龄不再是障碍,足球将他们紧紧相连,共同书写着烟火深处的绿茵传奇。

孙滇云,球队的"中坚力量",66岁的他始终活跃在球场上。他见证了球队的每一次成长与荣耀。从最初的十几人,到如今拥有70多名活跃队员,球队不断发展壮大,成为一支名副其实的"爷爷足球队"。他们不仅每周坚持训练,还组队参加全国老年足球赛,多次斩获奖项,为云南足球争得了荣誉。

除了昆明,重庆、苏州等地也涌现出了许多老年足球队。他们同样怀揣着对足球的热爱,在绿茵场上挥洒汗水,享受着足球带来的快乐与健康。重庆的王铭皓爷爷,9岁开始踢球,如今已是球队的元老级人物。他自学足球知识,指导年轻球员,为重庆足球的发展贡献了

潮爷潮奶：打开老年安乐生活的N种方式

自己的力量。苏州的申鹰足球俱乐部，更是以苏州足坛元老为班底，多次在全国友好城市中老年足球赛中获得佳绩。

这些爷爷用行动诠释了"终身体育"的真谛。他们不仅通过足球锻炼了身体，更在绿茵场上找到了归属感与幸福感。他们相互扶持、相互鼓励，共同书写着属于他们的足球传奇。

在爷爷足球队的飒爽英姿中，我们窥见了老年人晚年生活的斑斓色彩与勃勃生机。他们以独特的方式，为生命价值与意义赋予了新的注解。绿茵场上，他们忘却了岁月的枷锁，抛开了日常的琐碎，全神贯注于脚下的一切，心中怀揣着不灭的梦想。对他们而言，心怀梦想，脚下自会铺展坦途；而足球，正是他们晚年画卷中最绚烂的一笔。他们用实际行动向我们昭示：年龄不过是个数字，心怀热爱，便能活出自我，绽放精彩。他们的足球情怀，既是对往昔青春的深情回望，更是对生命本身的热爱与尊崇。

26
不老的喀秋莎

在武汉这座充满历史底蕴与现代气息的城市里，隐藏着一段跨越国界、超越时光的爱情故事。故事的女主角，是一位名叫李淑范的90多岁的老人，她原名伊利娜·亚克利夫娜·契尔特柯娃，一个拥有俄罗斯血统的女子，却因一场爱恋，将青春与热血深深地烙印在这片东方土地上。

李淑范的人生之旅，始于1926年风雨飘摇的苏联巴斯吉尼亚。那是一个变革的时代，她的父母在十月革命的洗礼下重获自由，但命运并未因此对他们格外眷顾。李淑范出生仅6个月，父亲便离她而去，留下她与母亲相依为命。8岁那年，她们迁居列宁格勒，这座城市成为她成长与蜕变的见证。中专毕业后，她步入职场，业

潮爷潮奶：打开老年安乐生活的N种方式

余时间则几乎全部投入热爱的舞蹈中，舞步间洋溢着对生活的无限热爱。

1949年夏天，命运的齿轮悄然转动。在一次舞会上，李淑范邂逅了来自中国武汉的留学生邱永言。那一刻，时间仿佛凝固，两人的目光交汇，一见钟情。尽管恋情遭遇外界的非议与不解，但爱情的力量让李淑范毅然决定追随邱永言来到武汉，加入中国籍，参与武钢的创建。1950年，她改名为李淑范，寓意贤淑模范，从此在武汉这片土地上扎下了根，成为一名地道的中国媳妇。

初到异国他乡，李淑范面临着语言障碍和文化差异的巨大挑战。然而，她凭借坚韧不拔的精神，不仅迅速掌握了流利的中文，还逐渐融入了当地的生活。在武钢，她发挥自己的俄语优势，担任翻译工作，为武钢的建设添砖加瓦。尽管工作繁重，但她从未有过怨言，总是以饱满的热情投入每一项任务中，用实际行动诠释了爱与奉献的真谛。

除了工作，李淑范还热衷于表演艺术，喜欢唱歌跳舞。退休后，她更是将自己的热情倾注于各种公益活动中，无论是社区的合唱团、模特队，还是中老年才艺大赛，都能看到她活跃的身影。她的身材保持得如同少女般曼妙，舞姿依然灵动飘逸。在舞台上，她旋转、跳跃，仿佛岁月从未在她身上留下痕迹。她以自己的方式，传递着对生活的热爱和对美的追求，成为人们心中的"不老传奇"。

2001年，邱永言不幸摔伤头部，身体每况愈下。年逾古稀的李淑范始终不离不弃地陪伴在丈夫身边，悉心照料，但最终未能挽回丈夫的生命。面对失去爱人的巨大悲痛，李淑范选择用忙碌来填补内心的空缺，将大部分精力投入表演艺术中，试图在舞台上寻找慰藉，用艺术的力量治愈内心的创伤。

然而，命运似乎并未因此而对她手下留情。在一次彩排中，她不慎从舞台上失足摔下，左腿严重骨折。医生告诉她可能需要在床上度过漫长的岁月。然而，她的眼神中却透露出坚定的信念与希望。手术后仅八个月，她便凭借顽强的毅力开始下床练习走路。尽管每一步都伴随着剧烈的疼痛，但她咬牙坚持，从不言弃。从最初的蹒跚学步到每天坚持行走一公里，她用自己的汗水与坚持书写着生命的奇迹。一年后，她再次傲然地站在了舞台上，那坚

潮爷潮奶：打开老年安乐生活的N种方式

定的眼神、自信的笑容，仿佛在向世界宣告她的重生。

李淑范的老年生活充满了尊严与优雅。她注重仪表，出门必精心打扮；她热爱生活，化妆、唱歌、跳舞、走猫步，这些年轻人热衷的事情她样样精通。她不仅荣获武汉市中老年模特大赛一等奖，还登上央视大舞台，在《夕阳红》健康老人电视大赛中获得亚军。她的笑容和活力感染了无数人，她成为大家心中的偶像。

更难能可贵的是，李淑范始终保持着对爱情的忠贞和对生活的热爱。她与邱永言携手共度半个多世纪，无论风云变幻，始终不离不弃。他们的爱情故事，成为人们口中的佳话。她更以自己的方式，搭建起中俄友谊的桥梁，开设俄语班，教孩子们学俄语，为增进两国人民的了解和友谊作出了力所能及的贡献，并在78岁那年光荣地加入了中国共产党。

年近百岁的李淑范心态依然年轻，精力依然充沛，她始终保持着对美好生活的热爱和追求，快快乐乐地度过每一天。这位不老的喀秋莎，用她的跨国爱恋和优雅人生，为我们树立了一个榜样。她的笑容、她的坚韧、她的热爱，都将成为我们心中永恒的风景。

27
银发网红

在数字化浪潮席卷全球的今天,短视频平台不仅成为年轻人的聚集地,也悄然迎来了一股银发新势力——"银发网红"。他们以积极、健康、时尚的形象,打破了人们对老年人的刻板印象,用自己的故事和魅力,为这个世界增添了别样的色彩。

提到"银发网红",不得不提的就是"我是田姥姥"。她以幽默风趣、亲切自然的表演风格,赢得了无数网友的喜爱。田姥姥虽然已步入老年,但她的心态却比年轻人还要年轻。她擅长通过日常生活中的小故事,传递正能量,让人们在欢笑中感受到生活的美好。一场直播首秀,田姥姥凭借自己的人气和影响力,创造了销售额150万元的佳绩。但对她而言,更重要的是能够通过网络与

潮爷潮奶：打开老年安乐生活的N种方式

观众建立深厚的情感联系，用笑声温暖每一个人的心房。

如果说田姥姥是欢乐的使者，那么"只穿高跟鞋的汪奶奶"则是优雅的代名词。她以时尚的穿搭、高雅的气质，成为无数中老年女性心中的偶像。汪奶奶不仅注重外表的时尚，更注重内心的修养与品质。她积极参与各种社交活动，展现自己的才艺和热情，用实际行动告诉人们：年龄从来不是限制美的因素。短短三个月内，汪奶奶的粉丝数量突破千万大关，单场直播销售额更是高达530万元。然而，对于她来说，这些成就只是她追求美好生活的一部分。她更希望通过自己的努力和影响力，激励更多的人勇敢地追求自己的梦想和幸福。

"北海爷爷"，一个温文尔雅、充满诗意的老人。他的视频总是充满了对生活的热爱和对自然的敬畏。他喜欢在海边散步，感受海风的拂面；他喜欢在花丛中驻足，欣赏花朵的绽放。北海爷爷用自己的镜头，记录下了生活中的美好瞬间，也传递了一种宁静致远的生活态度。

在河南省焦作市的一座农家小院里，70岁的王万青正通过直播向网友传授太极拳的精髓。他一身太极服，手持太极剑，动作行云流水，宛如一幅动人的画卷。王

二、安乐窝

万青的太极拳不仅技艺高超，更蕴含着深厚的文化底蕴和人生哲理。起初，王万青只是抱着试试看的心态让孩子给自己拍视频上传到网上。没想到，这一举动竟然引来了无数网友的关注和点赞。于是，他毅然踏上了直播的道路，希望通过自己的努力宣传家乡文化与特产。在直播间里，他不仅传授太极拳技艺，还推荐土特产，让更多的人了解并爱上他脚下的这片土地。

银发网红的崭露头角，颠覆了人们对老年群体的传统认知，为老年群体树立了全新的典范与标杆。他们以实际行动证明，年龄绝非追求精彩生活的障碍。无论岁月如何更迭，保持一颗年轻的心与旺盛的好奇心，就能勇敢地探索未知，拥抱热爱。

银发网红引领的"时尚晚年"展现了老年人身上蕴含的无限潜能与宝贵价值。他们利用网络平台，不仅维系了社交，结识了志同道合的新朋友，还慷慨分享人生智慧与经验。同时，他们不断学习新知与技能，增强了自我认同感，提升了生活品质。银发网红的崛起，以独特魅力重塑了老年形象，为老年人提供了一个充满尊严与活力的生活方式，构建了更加友好的社会环境。

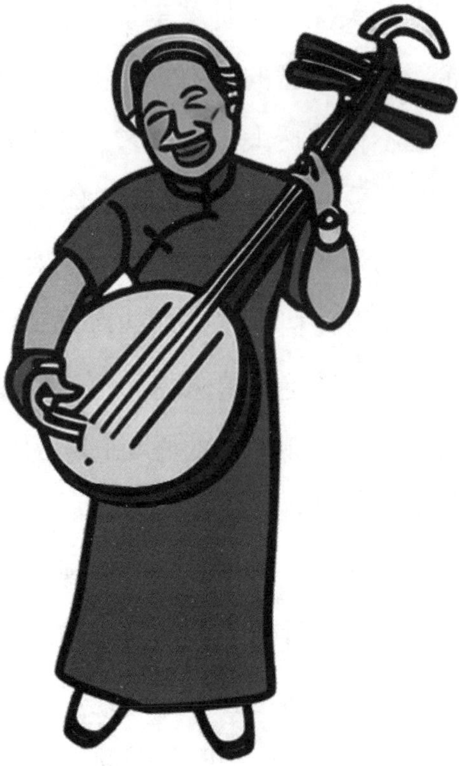

三、安乐行

——让每一天过得有意义

28
"银龄行动"

在我国广袤的土地上，有这样一群老人，他们虽已年逾花甲，却怀揣着炽热的奉献之心，积极投身于一项意义非凡的事业——"银龄行动"。自2003年国家老龄委发起这一老年志愿服务活动以来，广大老年志愿者如同熠熠生辉的星光，照亮了欠发达地区的发展之路，他们用自己的智慧和力量，书写着感人至深的故事。

陈嘉宁，一位在教育领域辛勤耕耘了30多年的退休中学语文教师，本可以享受悠闲时光的他，却毅然加入了"银龄行动"，奔赴云南的一所初中支教。初到学校，他发现当地的教学方法较为传统，学生们在课堂上缺乏主动性。于是，他从改善教学方法入手，引入互动式教学法。课堂上，他就像一位神奇的魔法师，总能用生动

潮爷潮奶：打开老年安乐生活的N种方式

有趣的方式讲解知识。在讲解古诗词时，他会让学生们分组进行角色扮演，重现诗词中的场景，让学生们身临其境地感受古人的情感世界。在他的循循善诱下，学生们逐渐变得开朗自信，课堂气氛活跃热烈，学习成绩也有了显著提高。不仅如此，陈老师还心系学校的教学资源建设。他利用自己多年积累的人脉资源，四处奔走，为学校争取到了一批珍贵的图书和先进的教学设备。当看到孩子们如饥似渴地阅读着新书，眼中闪烁着对知识的渴望时，陈老师欣慰地笑了，他知道，自己点燃的这束教育烛火，将为孩子们照亮前行的道路。

何忠实，一位退休的心内科专家，在听到"银龄行动"的号召后，毫不犹豫地背起行囊，前往甘肃的一座乡镇卫生院。那里医疗资源匮乏，许多患者因得不到及时有效的治疗而饱受病痛折磨。他迅速组织开展定期义诊活动，每一次义诊，都是一场与病魔的战斗。他总是早早地来到义诊现场，耐心地为每一位患者诊治。一位患有多年心脏病的老人，因为家庭贫困一直没有得到规范治疗，病情日益严重。何医生仔细地为他检查身体，调整治疗方案，并耐心地向他解释病情和注意事项。经

三、安乐行

过一段时间的治疗，老人的病情得到了明显改善，脸上重新绽放出笑容。何医生深知，授人以鱼不如授人以渔，他利用业余时间对卫生院的年轻医生进行系统培训。他从基础理论知识讲起，结合实际病例，深入浅出地传授先进的诊疗技术和管理经验。在他的悉心指导下，年轻医生们迅速成长，卫生院的医疗水平得到了显著提升，患者满意度大幅提高。

林金华，退休前是一名农业技术专家，他带着丰富的经验和满腔的热情加入"银龄行动"，来到陕西一个贫困县的农业科技示范园。刚到时，看到农作物生长状况不佳，农民们满脸愁容，林金华二话不说，一头扎进田间地头。他亲自示范如何科学施肥、精准浇水、有效防治病虫害。为了让农民们真正掌握先进的农业技术，他组织了多次技术培训。培训现场，他用通俗易懂的语言讲解专业知识，手把手地教农民们操作技巧。一位农民激动地说："林专家的到来，让我们看到了丰收的希望。"在林金华的努力下，示范园的农作物产量显著提高，农产品的质量也大幅提升。丰收时节，看着满园硕果累累，农民们的脸上洋溢着幸福的笑容。

潮爷潮奶：打开老年安乐生活的N种方式

　　沪疆"银龄行动"，犹如一座爱心桥梁，连接着上海与新疆。20多年来，一批又一批的上海老年志愿者奔赴新疆，他们带去的不仅是专业知识和技能，更是一份份沉甸甸的关爱。在教育援助中，上海的退休教师们为新疆的孩子们打开了一扇扇知识的窗户；在医疗帮扶中，上海的老医生们为当地居民带去了健康的福音；在科技支持中，上海的老专家们助力新疆的产业发展。这一行动不断创新形式，从最初的城市间援助逐渐拓展到城乡互助，从单纯的知识技能支持延伸到资金项目帮助，从线下的有形援助发展到线上的网络援助。它如同一颗爱心的种子，在新疆这片广袤的土地上生根发芽、开花结果。沪疆"银龄行动"累计服务195家单位，直接受益群众逾115万人次，不仅成为上海老龄工作的一张亮丽名片，更展现了上海老年人"老有所为"的高尚情怀和老年志愿者无私奉献的伟大精神。

　　截至2024年底，全国已有700余万人次的老年志愿者参与银龄行动，开展援助项目4000多个，受益群众4亿多人次。志愿者在人生的暮年绽放出最绚烂的光彩，为推动欠发达地区的经济社会发展和人民生活水平提升

三、安乐行

贡献着自己的力量。他们的事迹，如同一座座灯塔，激励着更多的人投身公益事业，为构建更加公平、和谐、美好的社会而共同努力奋斗。

29
老杨树宣讲汇

在上海这座繁华都市的车水马龙与霓虹灯火间,老杨树静静伫立,犹如岁月的守望者。它们斑驳的树干铭刻着时光的痕迹,繁茂的枝叶摇曳着往昔的记忆。每一道褶皱,都像是在诉说着这座城市的悠悠往事;每一片绿叶,都承载着历史长河中的珍贵点滴。它们见证了无数个日出日落,目睹了街头巷尾的风云变幻,从往昔的沧桑岁月一路走到如今的蓬勃盛世,默默守护着城市的每一步成长。

而在上海杨浦区,有这样一群人,他们如同这些老杨树一般,虽历经风雨洗礼,却依旧傲然挺立,用自己的一生书写着动人的篇章。他们正是由老干部、老战士、老专家、老教师、老模范会聚而成的"五老"群体,

三、安乐行

扛起了"上海老杨树宣讲汇"的大旗。这个名字背后，藏着一段段不平凡的故事，凝聚着他们共同的心愿——以己之力，传播党的创新理论与人民城市理念，点燃人们心中的爱国情、强国志、报国行，助力全面实现经济社会发展目标。

黄宝妹，新中国第一批全国劳动模范，她的双手，曾在纺织机前飞舞，她用青春与汗水为国家纺织事业编织锦绣华章。如今，鲐背之年的她，精神矍铄，风采依旧。每一次宣讲，她都像是打开了一扇通往往昔的大门，将城市的发展变化如电影般展现在听众眼前。她讲述着曾经的艰辛与如今的辉煌，那一字一句，都似岁月的回声，让听众真切地触摸到新时代蓬勃跳动的脉搏。

袁建民，区人大常委会原副主任，他对马克思主义经典著作的理解深入骨髓。宣讲台上，他将自身研读的深刻体会化作涓涓细流，滋润着青年干部的心田。他解读党的创新理论时，目光坚定而有神，仿佛能看穿未来，激励着青年干部们怀揣理想信念，在区域建设发展的道路上奋勇前行。

徐松亮，区委党校原常务副校长，理论功底扎实，

潮爷潮奶：打开老年安乐生活的N种方式

实践经验丰富。在宣讲中，他以沉稳的语调系统回顾杨浦老城区的转型之路，那是一段充满挑战与机遇的旅程。他详细介绍人民城市建设中的点滴实践经验，每一个事例都似一颗晶莹的珍珠，串联起对人民城市理念深刻内涵的理解之链。党员干部们听他的讲述如在知识的海洋中航行，逐渐领悟到这一理念的真谛。

老杨树宣讲汇的宣讲内容，宛如一幅绚丽多彩的历史长卷，涵盖了党史、新中国史、改革开放史和社会主义发展史等诸多壮丽篇章。

党史宣讲中，他们像是时光的导游，引领听众穿越历史的迷雾：从党的诞生，那如破晓曙光般的伟大时刻，到新中国成立时的万民欢腾；从改革开放的春风吹遍神州大地的伟大实践，到中国特色社会主义蓬勃发展的辉煌今朝。他们以亲身经历为线索，为听众精心勾勒出一条清晰而闪耀的历史脉络，每一个事件都似一颗璀璨的星，镶嵌在历史的长河中，熠熠生辉。

新中国史宣讲时，他们化身为时代的记录者，讲述新中国成立以来，这片土地上发生的翻天覆地的变化：从工业化初步建立时的艰辛探索，到改革开放这一伟大

三、安乐行

转折带来的生机与活力；从众志成城共筑全面小康社会的坚实基石，到意气风发踏上全面建设社会主义现代化国家新征程的豪迈征途。他们用生动的语言，将一个个故事串联起来，为听众展现出一个繁荣富强、蒸蒸日上的新中国，如同一幅宏伟壮丽的画卷在眼前徐徐展开。

改革开放史的宣讲台上，他们是活力四射的传播者，生动讲述着改革开放从农村到城市，如春风化雨般的伟大实践；从经济体制改革的破冰前行，到政治体制改革的稳步推进。他们用亲身经历描绘出一个充满无限活力与机遇的改革开放新时代，每一个故事都似一朵奔腾的浪花，汇聚成改革开放的澎湃浪潮，推动着时代的巨轮滚滚向前。

社会主义发展史的讲述中，他们是希望的使者，讲述社会主义从初步探索时的曲折前行，到不断发展壮大的壮丽征程：从社会主义制度建立的坚实根基，到社会主义建设伟大实践中的辛勤耕耘；从社会主义市场经济的勇敢探索，到中国特色社会主义蓬勃发展的光明前景。他们用亲身感悟为听众展示出一个充满希望与梦想的社会主义未来。

潮爷潮奶：打开老年安乐生活的 N 种方式

除了历史的回溯，老杨树宣讲汇还将目光聚焦于当下，深情讲述人民城市理念和新时代上海城市的喜人变化。他们以亲身经历为蓝本，讲述城市在规划上的高瞻远瞩，如同一盘精妙的棋局，每一步都深谋远虑；建设中的匠心独运，一座座高楼大厦如春笋般拔地而起，似一个个音符奏响城市发展的乐章；治理方面的创新实践，让城市如同一台精密运转的机器，高效而有序。同时，他们也分享城市在生态环境上的显著改善，蓝天碧水成为城市最美的底色；公共服务的日益完善，如阳光般温暖着每一位市民的心；文化传承的坚守与创新，让古老的文化在现代都市中焕发出新的生机与活力。这些宣讲内容，不仅是城市发展的生动记录，更是对人民城市理念真谛的深刻诠释，让听众在感受城市变迁的同时，领悟到城市发展以人为本的核心价值。

老杨树宣讲汇的宣讲形式，如同一场全方位的传播盛宴，线上、线下齐头并进。在线下，他们的身影穿梭于校区、园区、社区、营区、商区，就像一群传递火种的使者。他们与听众面对面交流，每一个眼神、每一个手势都传递着力量。他们用亲身经历和深刻见解，为

三、安乐行

听众带来一场场感人至深、如沐春风的宣讲，犹如在人们心中种下一颗颗希望的种子。而线上直播和视频宣讲，则借助网络平台和新媒体技术的翅膀，打破时空的限制。他们将宣讲内容以更加直观、生动的方式呈现给广大网友，仿佛将知识的宝库搬到了人们的指尖。这种线上、线下相结合的宣讲方式，如同一股强大的文化旋风，不仅扩大了宣讲的覆盖面和影响力，而且让更多的人无论身处何方，都能随时随地沐浴在这智慧与信念的光辉之中。

老杨树宣讲汇的宣讲活动，如同一颗颗投入心湖的石子，泛起层层涟漪，受到了广泛的关注与好评。他们的宣讲，犹如一盏盏明灯，照亮了青少年成长的道路，帮助他们扣好人生的第一粒扣子；又似一声声号角，引导党员群众将爱国情、强国志、报国行融入日常工作的点滴之中，为全面实现经济社会发展目标凝聚起强大的力量。

30
从织女到画家

1933年，张新英诞生于一个普通的家庭。和那个年代的大多数女性一样，她的命运早早地被安排妥当。年轻的她，在丈夫从军后，踏进了上海太平洋织造厂的大门，成为一名纺织女工。日复一日，年复一年，她在机器的轰鸣和纱线的穿梭中，度过了人生中最美好的年华。工作、家庭、孩子，构成了她生活的全部，但在这平凡的背后，她内心深处那份对美好事物的向往，却从未熄灭。

张新英的丈夫吴彤章，是一位才华横溢的画家。他因工作调动接触到了金山农民画，并为其独特的艺术魅力所吸引。为了弘扬这一民间艺术，他走遍金山县的乡村，挖掘和培养有艺术天赋的农民，并创办了农民画创作学习班。退休后的张新英，原本以为自己的余生将在平淡中度过，然而，一次偶然的机会，她看到了丈夫准备展览的画卷，心中那份沉睡已久的创作梦想被悄然唤醒。

她偷偷地创作了第一幅作品，拿给丈夫看。吴彤章被妻子的才华所惊艳，他发现了张新英绘画中的独特之处——结构合理、质朴自然，用色鲜亮且充满生机。他欣然决定带妻子一起加入农民画创作学习班。从此，张新英的世界被重新点亮，一扇全新的艺术之门在她面前敞开。

在学习班里，张新英如鱼得水，她的创作激情如同火山般喷发。她画的是自己熟悉的农村场景，那些粗陶瓦罐、锅碗瓢盆在她的笔下变得生动而富有灵性。她的作品充满了农村乡土气息，既土得掉渣，又洋得上天。她率真质朴的表现手法，将民间与现代、抽象与具象巧妙地融合在一起，色彩夸张而独具特色。她被誉为"中国的马蒂斯"，她的作品受到了国内外专家的赞誉并被广泛收藏。美国前国务卿基辛格访华期间，其夫人南希对张新英的《迎新客》爱不释手，郑重其事地将其带回珍藏。随后，张新英的作品又相继参加国内外各大画展，并屡获殊荣。她不仅加入了上海市美术家协会，还被誉为

潮爷潮奶：打开老年安乐生活的N种方式

金山农民画的奠基人之一。面对荣誉和赞美，张新英始终保持着一份谦逊和淡然。她说："画画的时候，我的心情很愉快，就像回到了童年时代。"她追求的是一种纯粹而宁静的艺术境界，希望用自己的画作抚慰人们的心灵。

张新英以画笔为烛，照亮了晚年的每一个角落，她在艺术的田野上挥洒着对梦想与热爱的无尽追求，绘制出一幅幅生动绚烂的画卷。这画卷，不仅细腻描绘了老年人在艺术中寻找心灵栖息地、实现自我价值的温馨场景，更深刻地告诉我们：即便岁月悠悠，老年人依然能够拥抱充实、精彩、富有尊严且充满活力的晚年生活，活出生命的第二春。

如今，90多岁高龄的张新英并未停下脚步。她和丈夫吴彤章一起选择了回归，用更多的时间去精心勾勒属于自己的晚年生活。他们的故事如同一幅动人的画卷，讲述着爱情、梦想和坚持的力量。他们遵从自己的内心，做喜欢的事，是一种旷达、一种坦然。和喜欢的人一起做，是一种幸福、一种升华。他们伉俪情深、同舟共济更是我们的榜样。他们积极乐观的生活态度和良好的生活习惯应该就是长寿的秘诀。

31
最幸福的老头

在陕西渭南市区解放路新华书店南端的隐蔽角落里，有一间很不起眼的小屋，面积不足五平方米，却仿佛蕴含着无尽的温暖与力量。这里，就是李长聆的世界，他用自己手中的螺丝刀，书写着一个个不平凡的故事。

李长聆的前半生与车结缘。早在1958年，年轻的他便参加了工作，成为省电业局汽车队的一名司机。三年后，他应征入伍，远赴西藏，成为7887部队汽车连的一员。在部队服役期间，他表现出色，不仅为中印边界自卫反击战担当了运输任务，还因优异的表现多次获得嘉奖。

退役后，李长聆积极响应国家"支援地方建设"的

潮爷潮奶：打开老年安乐生活的N种方式

号召，选择留在西藏支边，将自己的智慧和力量奉献给了这片高原。十多年的时光转瞬即逝，他最终回到家乡渭南市，在新华书店工作，直到退休。

然而，退休并不意味着李长聆职业生涯的结束，而是他新生活的开始。2014年，他利用自学的电器修理技术，在渭南街头摆摊、开店，为市民义务修理家电。他的小屋不仅是一个修理铺，更是一个传递温暖的港湾。每天，他都会准时开门，用他那双布满皱纹但异常灵巧的手，为前来求助的市民解决各种电器问题。

李长聆的笑声总是那么爽朗，他的话语总是那么幽默。每当修好一件电器，他都会轻声说一声"嘿！好了！"然后收获市民们满满的感激和敬意。他说："我每天收获最多的是'谢谢'，这让我觉得自己是'最幸福的老头儿'。"

然而，这份幸福并非没有代价。随着年龄的增长，李长聆的身体逐渐老去，听力和视力都有所下降。但他依然坚持每天按时开门营业，遇到复杂的故障时，他会花费更多的时间和精力去钻研和解决。除了修理家电外，李长聆还有一颗乐于助人的心。他曾帮助一位迷路的小女孩找到家人，也多次为生活困难的居民提供上门服务。他的善举不仅赢得了社会各界的认可和赞誉，更感动着无数人。

在李长聆的胸前，端端正正地别着一枚党徽。他是一名有着近60年党龄的老党员，始终将"对党忠诚、积极工作、为共产主义奋斗终身"的入党誓词牢记心头。他说："是党和国家培养了我。现在我老了，能力有限，但我希望能用绵薄之力为大家做点事，报答党的恩情。"

李长聆的事迹不仅感动了渭南市的市民，也影响了他的家人及身边的人，他的儿子加入了志愿者队伍，继续传承着这份爱心和奉献精神；社区居民们也纷纷表示，要以李长聆为榜样，尽自己所能去帮助身边需要帮助的人。

如今，已经80多岁的李长聆依然坚守在他的小屋里，用他的螺丝刀和满腔热情为社会点亮一盏明灯。他说："只要我能动弹，还能拿得动工具，我就会一直干下去。人的生命是有限的，我要抓住每一天，多做一些事。"

32
"四大家"

2019年7月的一天,在一家电视台的演播室里,一位82岁的老太太,用她坚定而爽朗的声音,向世界宣告了她独特的晚年梦想:"我今后要用三把扇子扇起火焰,这三把扇子分别是:作家、画家和书法家。我要用扇子把火燎得火亮,我不求这火能照亮全世界,但是我想照亮我自己的晚年。所以,我晚年要成为'四大家'。"当主持人追问除了作家、画家、书法家,还有哪一家时,她那一句"老人家呗",伴随着得意的哈哈大笑,让我们看到了一位充满活力与自信的老人,她就是姜淑梅。

1937年,姜淑梅出生在山东省巨野县,而后命运的齿轮转动,将她带到了黑龙江省安达市的黑土地之上。在那里,她度过了平凡而艰辛的岁月,做了20多年家属

三、安乐行

工。然而,生活的波澜并未阻挡她追求梦想的脚步。花甲之年,她勇敢地踏上了认字的征程,如同在黑暗中摸索光明的行者。2012年,她又开启了写作之门,从此一发不可收。她的文字如清泉流淌,自2013年4月起,部分作品陆续在《读库1302》《读库1304》《新青年》《北方文学》等刊物上发表。同年10月,她的《乱时候,穷时候》问世,在文学界引起了强烈反响。中央电视台《读书》、凤凰卫视《名人面对面》、梁文道《开卷八分钟》等知名栏目纷纷推荐,《新周刊》《南方周末》《读者》等刊物也进行了专题报道。这本书入选新浪好书榜2013年度三十大好书、豆瓣读书2013年度最受关注图书,成为众多读者心中的经典之作。凤凰卫视主持人许戈辉曾深情地评价她的作品:姜奶奶的书中,令人惊讶的段落俯拾即是。她的文字简洁明快,不加雕琢,不事渲染,对往事秉持着一种超脱的态度。她身上的质朴与真实,让那些故事熠熠生辉。在她的笔下,历史不再是抽象的概念,而是化作普通人生活中的点点滴滴,真切可感。姜淑梅老人将传统朴实的价值观融入故事,娓娓道来,这正是文化传承的真谛所在。她虽未接受过正规教育,写

潮爷潮奶：打开老年安乐生活的N种方式

作也无技巧可言，但她将传统中国女性的美德融入其中，使那些故事充满了温柔与善良的力量。

在写作的道路上，姜淑梅一路高歌猛进。2014年至2019年，她先后出版了《苦菜花，甘蔗芽》《长脖子女人》《俺男人》《拍手为歌》等多部作品，成为当之无愧的知名作家，也成为备受瞩目的"网红奶奶"。然而，她的才华并未止步于写作。笔耕不辍的她，还勇敢地挑战自己，自学画画，为自己的文字配上了别具一格的绘画作品。她不懂绘画理论，却凭借着敏锐的观察力和对绘画元素的独特理解，用心去捕捉生活中的美。每当看到优秀的作品，她总会用相机记录下来，然后仔细研究、慢慢摹画。《拍手为歌》中的插图便是她绘画才华的生动展现，这些画与书中的歌谣和故事相得益彰，宛如一场视觉与听觉的盛宴。

姜淑梅的一生，是一部充满苦难与坚韧的传奇。1996年，老伴因车祸突然离世，给她带来了巨大的悲痛。为了帮助母亲走出阴霾，女儿张爱玲开始教她认字。姜淑梅展现出了惊人的毅力和智慧，她自编歌词，让孩子们写在纸上，然后一遍又一遍地照着念。在日常生活中，她紧紧抓住每一个认字的契机，走在街上，无论是广告

三、安乐行

牌上的大字、宣传单页上的内容，还是公交站的标识文字，都被她视作学习认字的素材；在看电视以及翻阅连环画的时候，一旦碰到不认识的字，她也会毫不犹豫地张口询问。就这样，她一步步攻克了认字的难关，开始涉猎文学作品，《一千零一夜》《苏武牧羊》成为她的精神食粮。随着阅读量的增加，她尝试着讲述自己的经历和听来的故事，渐渐地，在女儿的鼓励下，她拿起笔，开始了写作生涯。起初，她不会使用标点符号，在阅读了莫言的几部小说后，她学会了问号、句号等的用法。她的写作环境简单而随意，没有书桌，她就抱着空果箱或沙发枕垫，铺上枕巾，随时随地开始创作。她最喜欢在凌晨写作，那时的她思维清晰，灵感如泉涌，即使遇到不会写的字，也能凭借记忆和自己的理解将其画出来。

姜淑梅的女儿曾感慨地说："种种苦难和不幸，像娘无意间丢在地里的种子，如今，它们长成大豆、高粱、谷子、玉米，娘有了自己的秋天。她今天割一捆儿大豆，明天掰几穗玉米，不慌不忙，当成娱乐。我对她年轻时的模样没印象，只看到她越来越美好的晚年。"确实，姜淑梅通过自己的努力和坚持，把生活中的苦难变

137

潮爷潮奶：打开老年安乐生活的N种方式

成了丰厚的成果，在晚年收获了满满的幸福和成就。

已至耄耋之年的姜淑梅，目光清澈明亮，一头白发如雪，她喜欢穿着白裤搭配红衫或绿衫，整个人精神矍铄，越老越散发出迷人的魅力。在一次座谈会上，当有学生问她什么是幸福时，她沉思片刻后说道："孩子，幸福都是自己找的。"她分享了小区里低保户的故事，那对夫妻虽然生活清苦，依靠低保度日，但他们乐观知足，脸上总是洋溢着笑容。姜淑梅说："低保户能有多幸福？但他们是幸福的，而有的人却身在福中不知福。所以啊，一千个一万个刨子也推不平这个世界，但是自己心里平了就真的平了。"

姜淑梅用她的一生诠释了不畏难、不服老、永不放弃、乐观向上的精神内涵。她在晚年开启的"四大家"之旅，不仅为自己的人生增添了绚丽的色彩，也为无数人树立了榜样，激励着我们在人生的道路上勇敢追求梦想，用积极的心态书写属于自己的精彩篇章。她不仅是一位作家、画家、书法家，更是一位智慧老人家，她的精神将激励着无数老年人勇敢前行，去追寻属于自己的幸福与梦想。

33
"银发知播"

在数字时代的大潮中,有这样一群老人,他们虽已年逾古稀,却怀揣着对知识的无限热爱和传播文化的崇高使命,在互联网力量的助力之下,跨越数字鸿沟,成为连通过去与未来的重要桥梁。他们便是广受赞誉的"银发知播"。

2023年3月4日,"感动中国2022年度人物"颁奖盛典在北京举行,在这场汇聚了无数温暖与感动的盛典之上,有一个特别引人注目的集体奖项——"银发知播"脱颖而出。这个奖项被授予了这样一群可爱且令人钦佩的人,他们就是借助互联网这一强大平台,孜孜不倦地传授各类知识的退休教师。这群由两院院士、大学教授和中小学老教师组成的"银发知播"共13人,他们的平

潮爷潮奶：打开老年安乐生活的N种方式

均年龄已然达到77岁，却以不老的心态、自信的容颜、积极的探索和热情的奉献，成为新时代的知识传播者，在互联网的世界里绽放着别样的光芒。

88岁的中国月球探测工程首席科学家欧阳自远院士，在短视频平台上，耐心地解答着青少年关于太空探索的种种疑问，用深入浅出的语言，将深奥的天文知识转化为通俗易懂的"科普大餐"。他的每一次讲解，都如同点亮了一盏盏知识的明灯，指引着孩子们勇敢踏上探索未知的征途。

87岁的同济大学海洋与地球科学学院教授汪品先也是中国科学院院士。他是首位在短视频平台开设自主账号的院士，用生动有趣的方式，将深奥的海洋知识变得通俗易懂。汪院士的科普视频，总能吸引无数网友的目光，那句"溜了溜了"更是成了他的标志性语言。

谈及为何选择投身网络科普，汪院士笑称："我觉得这是一种新的尝试，也是一种新的挑战。我希望通过我的努力，能够让更多的人了解海洋，爱上科学。"汪院士表示，曾有粉丝因为听了他的科普，走上了科学研究的道路，这让他深受鼓舞，更加坚定了在科普路上走下去的决心。

73岁的吴於人,是同济大学退休教授,她在网络上被亲切地称为"科学姥姥"。吴教授与她的博士生团队,用日常生活中的物品,演示复杂的物理现象,让原本晦涩难懂的物理知识变得生动有趣。她的短视频和直播,总能吸引大批网友的围观和点赞。

吴教授说:"我觉得科普不仅仅是传授知识,更重要的是激发孩子们对科学的兴趣和好奇心。我希望通过我的努力,能够让孩子们在学习中找到乐趣,在探索中发现价值。"除了制作科普视频,吴教授还为孩子们主编了物理启蒙书,致力于让科学知识更加贴近青少年的生活。

67岁的戴建业,是华中师范大学文学院教授,他以幽默风趣的方式讲解古诗词,在网络上迅速走红。戴教授的短视频和直播,总能引起网友们的共鸣和热议,他的粉丝数量已经超过了770万。

戴教授表示:"古诗词是中华民族的文化瑰宝,我希望通过我的讲解,能够让更多的人感受到古诗词的魅力。同时,我也希望通过我的努力,能够激发年轻人对传统文化的热爱和传承。"戴教授的古诗词讲解,不仅让人们领略到了诗词之美,更让人们感受到了文化的力量。

"银发知播"不仅用知识点亮了孩子们的心灵,更用自己的行动诠释了"活到老,学到老"的真谛,也为更多老人树立了老有所为、老有所乐的榜样。他们中的许多人并未因数字鸿沟而退缩,反而积极主动地学习、运用乃至玩转新技术。借助短视频与直播等新兴形式,他们巧妙地摆脱了知识传授在时间与空间上的束缚,使广大网友得以拥有平等获取优质资源的珍贵契机。他们的课堂,没有墙壁的阻隔,没有门槛的限制,每一个热爱学习的人,都可以在这里找到属于自己的知识宝藏。

"银发知播"的付出,不仅赢得了网友们的尊敬和喜爱,更在社会上产生了广泛的影响。他们用自己的行动,证明了知识的力量是无穷的,传播文化的使命是崇高的。他们的每一次科普,都是一次美好的流量汇聚,传递着满满的正能量。

正如颁奖词所言:"春蚕不老,夕阳正红。没有墙壁的教室,不设门槛的大学,白发人创造的流量,汇聚成真正的能量。""银发知播"们的故事,是关于热爱与奉献的故事,是关于勇气与坚持的故事。他们的故事告诉我们,无论年龄多大,只要有梦想和热情,就能跨越一切障碍,将知识的种子播撒到更广阔的土地上。

在这个快节奏的时代里,"银发知播"用他们的智慧和热情,为我们带来了一份难得的宁静与感动。他们用自己的行动,书写着知识的传奇,传递着文化的火种。他们用自己的方式,让我们重新审视了知识的力量和价值,也让我们看到了老一辈知识分子的智慧与担当。

34
不屈的"牛"人

褚时健，一个在中国企业史上举足轻重的名字，他的一生，见证了从巅峰到低谷，再从低谷崛起的壮丽。而晚年的他，更是以一种宁静而坚定的态度，诠释了老年人如何安宁且快乐地生活，为无数老年人树立了榜样。当有人问褚时健，您希望留给自己的墓志铭是什么？年届九十、龙年出生的老人家缓慢而坚定地回答了五个字：褚时健属"牛"！

1928年，褚时健出生于云南省玉溪市华宁县的一个农民家庭。早年丧父的他，不得不在很小的时候就帮助母亲烤酒、种地以谋生。这样的生活经历，锻炼了他坚韧不拔的性格，也让他深刻理解到生活的艰辛与不易。

青年时期，褚时健重新求学，却遭遇了战争的洗

三、安乐行

礼。他扛过枪、打过仗，经历了战火纷飞的岁月。这些经历，不仅锤炼了他的意志，也让他更加珍惜和平与稳定的生活。

新中国成立后，褚时健没能逃脱"右派"的命运，被下放到农场劳动改造。面对艰难的境遇，他依然保持着对生活的热爱和对工作的执着。在农场期间，他不仅积极投身生产，还努力提升自己的技术能力和管理水平。这些努力，为他日后的成功奠定了坚实的基础。

1979年，褚时健迎来了人生的重大转折。他被任命为玉溪卷烟厂厂长，从此开始了自己辉煌的职业生涯。在他的领导下，玉溪卷烟厂迅速崛起，成为亚洲第一、世界前列的现代化大型烟草企业。褚时健也因此被誉为"中国烟草大王"。

1996年，褚时健因涉嫌贪污受贿而被隔离审查，最终被判无期徒刑。这一事件，让他的人生陷入了低谷。但即便如此，他依然没有放弃对生活的热爱和对未来的希望。在狱中，他坚持锻炼和学习，保持着自己的身心健康。

2001年，褚时健因严重的糖尿病获批保外就医。回

潮爷潮奶：打开老年安乐生活的N种方式

到家中后，他决定重新创业。他与妻子承包了荒山，开始种橙，经过不懈的努力和坚持，最终创造出了著名的"褚橙"品牌。这一壮举，不仅让他重新站了起来，还让他成为人们心中的"橙王"。

晚年的褚时健，虽然身体不再如年轻时那般硬朗，但他的精神依然矍铄。他热爱生活，珍惜每一天的时光。在哀牢山的果园里，他亲手种植一棵棵果树，看着它们从幼苗长成大树，结出累累硕果。他以一种更加平和的心态，享受着生活的每一刻，享受着大自然的馈赠，也享受着与家人相处的温馨与快乐。这种与自然和谐共处的生活方式，让他感受到了前所未有的宁静与满足。

2019年3月5日，褚时健在云南玉溪去世，享年91岁。他的一生经历了战争、下放、牢狱之灾等重重磨难，但其从未放弃对生活的热爱和对事业的追求。褚时健的晚年生活，更是充满了积极阳光的气息，他用自己的行动证明了，无论年龄多大，无论道路多么崎岖，只要有梦想和热情，就能活出自己的精彩。

35

最好看的"情侣装"

在中央电视台"感动中国2018年度人物"颁奖典礼上,一对平凡而伟大的夫妇——马旭和颜学庸,以其一生的奉献与坚持,深深触动了亿万观众的心弦。他们的故事,如同一首悠扬的赞歌,回荡在每个人的心间,而他们常穿的迷彩服,则成了这首赞歌中最动人的旋律,成为人们心中最好看的"情侣装"。

1933年,马旭出生在黑龙江省哈尔滨市木兰县建国乡建国村,因父亲早年过世,家境贫困。1947年,年仅14岁的马旭就穿上了军装,成为一名医务兵,先后参加了辽沈战役和抗美援朝战争,多次立功受勋。战争结束后,马旭被保送到第一军医大学深造。1961年毕业分配时,马旭成为空降兵部队军医,负责跳伞训练的卫勤保障。

潮爷潮奶：打开老年安乐生活的N种方式

在空降兵部队，马旭发现经常有空降兵因为落地不稳而使脚踝和腰部受伤。为了找到避免空降兵着陆受伤的方法，马旭萌生了学跳伞的想法。然而，当时女兵根本不让跳伞，而且马旭身高只有一米五三，体重刚刚70斤，身高和体重都不符合跳伞标准。面对这些困难，马旭没有退缩，她多次请求跳伞，虽然一开始没有得到批准，但她苦练技术，以诚感人，最终获得了认可，成为中国第一位跳伞女兵，并创造了三项中国之最。

作为军人，马旭和颜学庸深知运动对身体的重要性。他们坚持每天锻炼，骑自行车、打拳、跳交际舞，长期且规律的运动不仅增强了他们的体质，也让他们保持了年轻的心态和活力。离休后，他们依然保持着这种对生活的热情和对知识的渴望，用实际行动诠释着"活到老，学到老"的真谛。

与精神上的富有相比，二老的物质生活却显得非常简朴。他们放弃部队干休所安置房，住到武汉市远郊部队旁一个不起眼的小院里。简陋的屋内摆满了书报和学习资料，房间陈设极其简单。墙皮大半剥落，吊灯年久失修，露出破麻布和棉絮的旧沙发还在发挥作用，老两口睡的依然是20世纪六七十年代的硬板床。他们一日三餐选择简单、营养的食物，如粥、馒头、蔬菜、鸡蛋等，既保证了身体所需，又避免了过多油腻和高热量食物的摄入。马旭告诉记者："前两年，我花15块钱买了一双鞋，人造革的。我给我家乡攒钱，都是一分一毛攒下来的。等天气好了，我洗洗晒晒粘好了，还能穿。"

与生活上的简朴形成鲜明对比的是老两口在科研上取得的显著成就。他们先后在军内外报刊发表了100多篇学术论文和体会，并获得4项国家发明专利。这些科研成果的报酬和奖励，都被他们用来资助家乡的教育事业。当二老将1000万元巨款捐给木兰县时，整个县城都轰动了。这笔巨款是他们一生的积蓄，也是他们对家乡最深情的回报。

面对如此巨额的捐款，马旭夫妇却表现得非常平静。他们说："我们不需要那么多钱，只要够用就好。我们希望能用这笔钱为家乡的教育事业作一点贡献。"这种无私奉献的精神，让无数人肃然起敬。

马旭和颜学庸夫妇用他们的一生诠释了什么是真正的坚持与奉献。他们面对困难从不退缩，始终保持积极

潮爷潮奶：打开老年安乐生活的N种方式

乐观的态度；他们生活俭朴却充满智慧与力量；他们无私奉献从不计较个人得失。他们的故事告诉我们：只要心中有梦、有爱、有责任，我们就能克服一切困难，创造属于自己的精彩人生。

马旭夫妇的迷彩服成为人们心中最好看的"情侣装"，不仅因为他们的外表形象，更因为他们的内在品质和精神风貌。他们用实际行动证明了：生活简单、心灵富足，天下莫能与之争美。

"感动中国"组委会给予马旭的颁奖词是："少小离家乡音无改，曾经勇冠巾帼，如今再让世人惊叹。以点滴积蓄汇成大河，灌溉一世的乡愁。你毕生节俭，只为一次奢侈。耐得清贫，守得心灵的高贵。"这段颁奖词准确地概括了马旭夫妇的一生和他们的精神境界。

36

独守岁月余晖

在文学的璀璨星空中,杨绛先生宛如一颗持久而温润的星星,散发着独特而迷人的光辉。江苏无锡,这片人杰地灵的土地,孕育出了这位杰出的女作家、文学翻译家与外国文学研究家。

杨绛先生的小家庭,本是一个充满爱与智慧的温馨港湾。她与现代著名作家、文学研究家钱锺书先生携手走过风雨,二人的爱情与才情,成为佳话。他们的爱女钱瑗,作为北京师范大学英语系教授,以灵活的思维、开阔的视野、坚韧正直的品格,成为父母心中的慰藉与骄傲。然而命运的波澜,却无情地打破了这份宁静。1997年,钱瑗因脊椎癌英年早逝。与此同时,钱锺书先生业已百病缠身,杨绛不得不将失女之痛深埋心底,在

潮爷潮奶：打开老年安乐生活的N种方式

家庭与医院之间奔波穿梭，精心照料着气息奄奄的老伴。1998年岁末，钱先生与世长辞，享年88岁。此时的杨绛先生，已87岁高龄，面对接踵而至的打击，她坚定地说："锺书逃走了，我也想逃，可是我压根不能逃，我得留在人世间打扫现场，尽我应尽的责任。"

于是，在随后的18年里，杨先生忘却了"孤独"，全身心投入整理钱先生手稿的工作中。那7万多页的手稿，犹如一座庞大而杂乱的知识宝库，部分手稿因岁月侵蚀而变脆易坏。杨先生不辞辛劳，一点点将笔记粘好、晾干，再仔细整理。她沉浸其中，废寝忘食，即便腰酸背痛、双眼红肿，也未曾停歇。终于，从2003年起，《钱锺书手稿集》由商务印书馆陆续出版。这一套套厚重的书籍，是钱先生的智慧结晶，更凝聚着杨先生无尽的心血。她以这种方式，完成了丈夫的未竟事业，当之无愧地成为钱先生生前赞誉的"最贤的妻，最才的女"。

90岁之际，杨绛先生做出了一个令人钦佩的决定。她将与钱锺书先生在2001年上半年所获的72万元稿酬，以及此后出版作品的报酬，全部捐赠给清华大学，设立

三、安乐行

了"好读书"奖学金。十三年间，奖学金捐赠累计高达1429万元，资助了500多位本科生和研究生。这一善举，如同一盏明灯，照亮了无数学子的求学之路，也体现了杨绛先生对知识传承的深切期望。

92岁时，杨绛先生拿起笔，书写了《我们仨》这部感人至深的作品。她用心回忆着这个特殊家庭63年的风雨历程，从与钱先生20多岁一同前往剑桥大学读书，到后来的点点滴滴，快乐与艰难交织，爱与痛并存。书中，她以梦为引，用质朴而深情的文字，描绘了一家三口的温馨日常，以及面对生离死别的悲痛与思念。特别是钱锺书与钱瑗缠绵病榻的最后时光，她以细腻的笔触描述，让读者感受到了那份深深的眷恋与不舍。《我们仨》出版后，打动了无数人的心，风靡海内外，先后发行数百万册，成为众多读者心中的经典之作。

93岁时，杨绛先生的文集问世。《杨绛文集》（8卷本）一经推出，便在读书界引起强烈反响，四个月后即重印，截至2016年，累计重印4次，总印数达1.6万套。这一套文集，犹如一座文学宝藏，收录了杨绛先生多年来的心血结晶，展现了她在文学领域的深厚造诣。

潮爷潮奶：打开老年安乐生活的N种方式

96岁那年，杨绛出版了充满哲思的《走到人生边上》。在这部自问自答式的散文集中，她站在人生的边缘，坦诚地思考着命运、人生、生死、灵与肉、鬼与神等根本性问题。她平静地写道："我正站在人生的边缘边缘上，向后看看，也向前看看。向后看，我已经活了一辈子，人生一世，为的是什么呢？我要探索人生的价值。向前看呢，我再往前去，就什么都没有了吗？"字里行间，没有对衰老与死亡的恐惧，只有淡定与从容，以及对人生深刻的洞察。

2011年7月，在百岁寿辰即将到来之际，杨先生发表了《坐在人生的边上》，这篇作品可视作《走到人生边上》的姊妹篇。尽管此时她已被查出患有心衰，但依然乐观豁达，坚持每天读书写作至凌晨1点多。她的坚韧与执着，令人肃然起敬。

2014年9月，《洗澡之后》单行本和9卷本《杨绛全集》出版，共计270万字。这些作品，涵盖了杨绛先生在译作、小说、散文、戏剧、文论、诗作等多个领域的杰出成就。据统计，她的诸多作品销量惊人，如译作《堂吉诃德》各种版本销量高达75万册，《洗澡》《洗澡之

三、安乐行

后》等也深受读者喜爱。

  杨绛先生的一生，不仅以其卓越的文学成就令人敬仰，更以她在孤独中的坦然乐观、生命不息、奋斗不止的精神，以及对真善美的执着追求，成为我们心中的楷模。她在岁月的长河中独守余晖，清扫人生的"现场"，留下了无尽的精神财富，激励着我们在人生道路上勇往直前，追求更高尚的境界。

  杨绛先生的一生，犹如一部宁静而深邃的长卷，在岁月的长河中徐徐展开。她的健康长寿，并非偶然，而是多种积极因素交织而成的生命智慧的结果。面对人生的重大变故，她宛如一棵坚韧的老树，坦然接受风雨的洗礼。女儿与丈夫的离去，如寒冬凛冽，却未能冰封她那颗炽热的心。她选择勇敢地承担起"打扫现场"的责任，以一种从容不迫的姿态面对生活的残缺，这种强大的心理调适能力，成为她抵御岁月侵蚀的坚固盾牌。杨绛先生的晚年生活，恰似一幅绚丽多彩的画卷，每一笔都蕴含着深刻的哲理与生命的智慧。她用自己的一生诠释了如何在岁月的磨砺中，保持身心的和谐与坚韧，让生命之花绽放出璀璨而持久的光芒。

37
"萤火虫"

在安徽，有一位老者，虽年逾九旬，却以无尽的热忱和无私的奉献，成为乡村教育的守望者，他就是叶连平老师。这位获得众多荣誉称号，包括安徽省优秀共产党员、安徽省五一劳动奖章、安徽省优秀教师、中国好人、全国中小学德育先进工作者、第七届全国道德模范、新中国最美奋斗者的老人，宛如一支燃烧的蜡烛，在乡村教育的天地里散发着温暖而持久的光，照亮了无数孩子前行的道路。而他，却谦逊地称自己只是一只"萤火虫"，用微弱的光芒，努力点亮乡村留守儿童的希望。

叶连平老师的一生充满波折与奋斗。生于1928年的他，少年时代因父亲在美国大使馆工作的机缘，掌握

三、安乐行

了一口流利的英语。新中国成立后,他积极投身于社会主义建设,与居民们共同开办夜校,为南京琅琊路社区的扫盲工作贡献力量。然而,命运的轨迹却在此处发生转折,因英语能力被误认有"特务"嫌疑,他被迫背井离乡来到安徽和县,开启了长达十余年的漂泊之旅。其间,他在窑厂辛勤劳作,在生产队养猪,历经生活的重重磨难。但乡亲们给予的温暖与关怀,如冬日暖阳,深深烙印在他心中,使他心怀感恩,坚定了为这片土地奉献的决心。直到50岁,他终于得偿所愿,重回魂牵梦萦的讲台,成为和县卜陈学校的教师。从此,他的生命与乡村教育紧密相连,在1978年至1989年的从教岁月里,他倾心尽力,为乡村孩子播撒知识的种子。

退休后,他并未选择安享晚年,而是以开办"留守未成年人之家"为新起点,继续在三尺讲台坚守了30多个春秋。当时,目睹村里留守儿童作业无人辅导、英语基础普遍薄弱的状况,他将自家的一间房屋腾出,义务为孩子们辅导功课。那些父母在外务工、由爷爷奶奶看护的孩子,在学习上缺乏指导,而叶老师的家,成了他们寻求知识的港湾。每天放学后,孩子们如欢快的小鸟

潮爷潮奶：打开老年安乐生活的N种方式

般奔向叶老师家，带着作业中的疑惑，围在他身边。叶老师总是面带微笑，耐心地解答每一个问题，那温和的目光、细致的讲解，如同春风化雨，滋润着孩子们求知若渴的心。

随着时间的推移，叶老师的善举得到了镇政府的支持，学校仓库被改建成两间教室，"留守未成年人之家"日益完善，成为孩子们的乐园。叶老师的辅导工作也越发规范而忙碌。周末两天，他精神矍铄地站在讲台上，用生动有趣的方式传授知识，让孩子们在英语的世界里畅游；周一、周二，他坐在堆满作业本的桌前，逐字逐句认真批改，那专注的神情仿佛忘记了周围的一切。孩子们的作业本上，密密麻麻的批注和修改痕迹，是他辛勤付出的最好见证。他不仅纠正错误，还注重培养孩子们良好的学习习惯，如对作业本使用不当的提醒，都饱含着他对孩子们的殷切期望。周三，他精心准备讲义，为孩子们上书法课，教导他们书写汉字的美感与规范；周四、周五，他忙于备课和家访，深入了解每个孩子的家庭环境和学习状况，以便给予更有针对性的帮助。每次上课，教室里都坐满了孩子，他们的眼神中充满了对

三、安乐行

知识的渴望和对叶老师的敬爱。

叶老师深知,教育不仅是知识的传授,更是视野的开拓。他常常拿出自己的积蓄带领孩子们外出参观。省科技馆里,孩子们好奇的眼神在各种展品间穿梭,对科学的奥秘充满探索欲;名人馆中,他们聆听着先辈的故事,汲取着榜样的力量;博物院内,历史的厚重感在孩子们心中沉淀,激发着他们对文化的热爱;南京日军大屠杀纪念馆里,肃穆的氛围让孩子们深刻感受到和平的珍贵,铭记历史的伤痛。叶老师坚信,这些直观的体验能弥补课堂教育的不足,让孩子们在亲身感受中收获成长,在他们心中种下理想的种子。

在叶老师心中,孩子们的成长高于一切,为了能将更多的资源用于孩子们身上,他对自己的生活近乎苛刻。他远离烟酒牌局,摒弃一切不必要的消费。外出办事时,他总是带着简单的干粮,一碗阳春面便是他的餐食,哪怕口渴难耐,面对商店里琳琅满目的商品,他也不舍得花一分钱买瓶矿泉水。走进他的家,仿佛时光停滞在30多年前,简陋的老房子没有任何装潢,没有卫生间,屋内陈设破旧而简单,没有一件值钱的东西。他身

潮爷潮奶：打开老年安乐生活的N种方式

上穿着洗得发白、打着补丁的衬衣和裤子，那件陪伴他几十年的棉袄，虽已破旧不堪，却承载着他对生活的质朴态度。然而，对待孩子们，他却无比慷慨大方。多年来，义务办学的桌椅文具、孩子们在他家的吃穿住用、外出参观的费用，累计花费近30万元，他还捐款7万元成立叶连平奖学金基金。在社会各界的共同支持下，该奖学金已连续发放7次，共10多万元，为130多个孩子的求学之路点亮了希望之光。这些孩子中，有的像江明月姐妹一样，在叶老师的悉心关怀下，改变了命运。江明月在叶老师的免费辅导和生活资助下，成功被南京理工大学录取，她的妹妹也考上了县重点高中，她们的未来因叶老师而变得充满希望。

叶连平老师的学生们都由衷地感慨，遇到叶老师是他们此生最幸运的事情。每天清晨8点，叶老师总是准时坐在教室里，开始一天的工作。他认真批改作业的身影，成为孩子们心中最温暖的画面。他不仅关注孩子们的学习成绩，更注重培养他们的品德和价值观。在他的教导下，孩子们学会了珍惜、努力和感恩。

叶连平老师常说："不管生命还有多长，我都会沿着

三、安乐行

当前的路一直走下去。和孩子们在一起，我就忘记头上有多少白发了。我的时间不多了，我要把最后的时间留给孩子们。我一直在和时间赛跑。我希望呼出的最后一口气是在讲台上。"他的话语朴实而坚定，透露出他对教育事业的无限执着和对孩子们深深的爱。当被问及为何退休后仍坚持如此辛苦的工作时，他微笑着回答："我已经享了清福，而且非常幸福。这样的工作比休息强多了！"他的幸福，源于对孩子们成长的见证，源于对教育梦想的坚守。

在关注叶连平老师的事迹时，我们也不禁思考，他的贡献不仅体现在对教育事业的执着上，还体现在他积极健康的生活态度对老年人生活的启示上。叶老师虽已高龄，但他的生活充实而有意义。他每日忙碌于教学工作，与孩子们的互动让他保持着积极乐观的心态，这种心态有助于他忘却年龄带来的身体局限。他对教育事业的热爱成为他精神上的支撑，使他拥有源源不断的动力去克服困难。他在教育孩子的过程中，不断学习新的教学方法，与时俱进，这也促使他的大脑保持活跃，延缓了认知衰退。

潮爷潮奶：打开老年安乐生活的N种方式

　　叶老师的奉献行为还对他的社交生活产生了积极影响。他与孩子们建立起深厚的情感纽带，孩子们的敬爱、家长们的感激以及社会各界的尊重，让他在乡村这个大家庭中拥有丰富的情感交流，避免了老年人常有的孤独感。他在给予爱的同时，也收获了来自他人的爱与关怀，这种积极的情感互动成为他健康生活的重要保障。

　　此外，叶老师规律的生活作息也是他保持健康的秘诀之一。尽管工作繁忙，但他每天按时起床准备教学，按部就班地完成各项工作，晚上合理安排休息时间。这种规律的生活节奏有助于稳定他的生物钟，使身体各项机能保持良好的运行状态。

　　叶连平老师用自己的行动诠释了一位老人如何在晚年过上有意义、健康且幸福的生活。他是一只"萤火虫"，用微弱的光照亮了乡村留守儿童的天空；他更是一束文明之光、道德之光，不仅为孩子们照亮了追梦之路，也为广大老年人树立了积极健康生活的榜样。他的事迹，如同一首激昂的赞歌，在岁月的长河中永远传唱……

38

悠游百年

2012年,台湾商业周刊出版社出版了《悠游100年》,为百岁老人赵慕鹤立传。从1911年到2018年,赵慕鹤的每一步都似踏在命运的鼓点上,奏响了一曲关于生命无限可能的激昂乐章,以其非凡的经历为我们诠释了如何在百年人生中书写属于自己的辉煌篇章,尤其是为老年生活注入别样的活力与意义。

赵慕鹤自幼便与"鸟虫体"书法结下了不解之缘,这一写,便是整整一百年。"鸟虫体"书法,这一古老而神秘的艺术形式,其历史可追溯至春秋时代,笔画拟鸟虫之形态,结体活泼生动,仿若一幅绘画情景融入其中,堪称书法变体中的艺术瑰宝。然而,因其书写难度颇高,在岁月的流转中逐渐濒临失传。但赵慕鹤怀着对

潮爷潮奶：打开老年安乐生活的N种方式

传统文化的深深热爱与敬畏之心，始终坚持用一支秃笔，倾尽全力守护着这一古老艺术，使其在现代社会中得以延续传承。每一笔、每一画，都凝聚着他对书法艺术的执着与专注，仿佛在诉说着往昔岁月的故事。他的书法作品，不仅是艺术的展现，更是他一生坚守的见证。

在赵慕鹤的心中，不仅有对艺术的执着追求，更有对人间大爱的无私奉献。他多次将自己精心创作的鸟虫书法作品进行拍卖，所得款项分毫不留，全部用于资助贫困人士，用自己的行动诠释着"以书艺救世"的崇高理念。平日里，他还常常不辞辛劳地前往医院担任义工，不顾自己年事已高，悉心照料那些比他年轻的病人，为他们倒尿壶、换纸裤，每逢佳节，还会为病人们送上温暖的祝福。他一生安于清贫，却始终助人为乐，这种高尚的品德使他赢得了"好人""善人"的美誉，备受人们敬重。

75岁，本是许多老人安度晚年、尽享天伦之乐的年纪，赵慕鹤却做出了一个令人惊叹的决定——像年轻人一样，背起行囊，踏上穷游欧洲的征程。当时的他，英

三、安乐行

语水平仅能说简单的"Yes""No",积蓄也并不充裕。朋友们听闻他的计划,都笑他异想天开,纷纷劝阻他不要冒险,生怕他遭遇不测。然而,赵慕鹤心意已决,毅然决然地踏上了旅途。他仅买了一张机票,便毫不畏惧地出发了,甚至连住宿都未曾预订。每到一个陌生的国度,他的第一站总是中餐厅,凭借着简单的沟通,请服务员帮忙将下一站的目的地翻译好写在纸条上,随后便拿着纸条前往车站购票。傍晚时分,他机智地跟着那些背着背包的年轻人前行,总能顺利找到青年旅社。若实在无处可住,他也毫不介意在公园的长凳上露宿一晚,或者在电话亭中蜷缩度过一夜。为了节省开支,他还会特意选择购买夜间车票,以省去当晚的住宿费用。在伦敦时,他借住在学生家中,不仅没有给别人添麻烦,反而主动帮忙做家务,扫地、擦玻璃、做饭,样样精通,甚至还动手搭建新的篱笆,将庭院装扮得焕然一新,用自己的辛勤劳动权当付了房租。就这样,历时5个月,仅花费3万多元人民币,他便实现了游历欧洲的梦想,目睹了埃菲尔铁塔的壮丽,欣赏了莎士比亚故居的典雅,领略了异域风情的魅力,了却了自己心中的一

165

桩心愿。这次穷游经历，不仅让他饱览了世界的美景，更展现了他勇于挑战自我、不惧困难的精神风貌，这种积极乐观的心态无疑对他的健康长寿起到了积极的推动作用。

1998年，为了激励厌学的孙子努力掌握专业技能，赵慕鹤做出了一个更为惊人的决定——与孙子一同考大学。他毫不犹豫地扎进书本堆中，全身心投入复习。尽管初次备考由于时间紧迫、准备不够充分，爷孙俩遗憾落榜，但他毫不气馁，鼓励孙子不要放弃，随即与他一同投入第二轮备考。功夫不负有心人，最终爷孙俩双双高中，赵慕鹤成功考入高雄市立空中大学文化艺术系。此后的四个学年里，他每天都骑着自行车往返于家和学校之间，尽管路途遥远，来回需要5个小时，他却从未缺课。唯一一次迟到，竟是因为途中自行车与摩托车相撞。白天时间不够用，他便挑灯夜战，刻苦复习功课，按时完成作业，凭借着顽强的毅力和坚定的信念，在91岁那年，他成为全班第一个顺利毕业的学生，这让老师和同学们都惊叹不已。他用自己的实际行动证明了年龄从来不是追求知识的障碍，这种对学习的热爱和持之以恒的精神，不仅丰富了他的内心世界，也使他的大脑始终保持活跃，成为他健康长寿的秘诀之一。

96岁时，赵慕鹤再次挑战自我，与朋友的孩子相约报考研究生。在短短三个月的时间里，他凭借着过人的毅力和扎实的基础，成功考入台湾"南华大学"哲学研究院。读研期间，每周三天的课程安排，他从未有过丝毫懈怠。每天清晨5点，当大多数人还在沉睡中时，他便早早起床，骑着自行车前往高雄火车站，经过两个小时的车程到达嘉义站，再搭乘校车前往学校上课，风雨无阻，从未缺过一堂课，也没有少交一次作业。两年后，他凭借一篇关于中国书法"鸟虫体"研究的论文，顺利获得硕士学位，成为世界上年龄最大的硕士研究生，其事迹足以入选吉尼斯世界纪录。时任台湾地区领导人马英九出席，亲手为他颁发了"高龄硕士，不老乐活"的匾额，这无疑是对他卓越成就的高度认可和赞誉。

赵慕鹤常说："人生中唯一的幸福，就是不断前进。"秉持着这一信念，105岁的他又踏上了新的征程，前往台湾"清华大学"中文系旁听，为攻读博士学位做准备。即使在106岁生命即将走到尽头之际，他依然保持着对

潮爷潮奶：打开老年安乐生活的N种方式

新知识的渴望，积极学习电脑操作，尝试在网上买票、挂号等新鲜事物。他的一生，是不断进取、超越自我的一生，从未因年龄的增长而停下前进的脚步。

　　赵慕鹤的百年人生经历告诉我们，年龄只是个数字，无论处于人生的何种阶段，都可以拥有梦想，并为之努力奋斗。他在书法艺术上的坚持传承、对贫困人士的无私奉献、在旅行中的勇敢探索、在学业上的不断进取，以及始终保持积极乐观的心态和规律的生活方式，都是他健康长寿且充满活力的秘诀。他的故事激励着我们，尤其是老年人，要勇敢地追求自己的梦想，积极参与社会活动，保持学习的热情，以乐观豁达的心态面对生活中的挑战，让生命在每一个阶段都绽放出绚丽多彩的光芒。他的精神将永远铭刻在人们心中，成为激励后人不断前行的强大动力。

39
无愁河上"老顽童"

在湘西那片神秘而秀美的土地上,凤凰沱江静静流淌,溯流而上,无愁河宛如一条灵动的丝带,穿梭于山水之间。这片土地不仅孕育了瑰丽的自然风光,更滋养出一方人文净土,诞生了众多才子佳人。而在这璀璨的星空中,有一颗最为耀眼的星星,他就是黄永玉。这位土家族的艺术巨匠,以其独特的魅力、非凡的才华和乐观豁达的生活态度,成为众人敬仰的传奇人物。其90岁自画像中那手舞足蹈、缺了门牙还开怀大笑的模样,活脱脱就是一个天真无邪的小孩子,也正是他无愁无忧、童心未泯的真实写照。

黄永玉的人生旅程充满了传奇色彩。他自幼家境贫寒,仅接受过小学和不完整的初级中学教育,然而,生

潮爷潮奶：打开老年安乐生活的N种方式

活的困苦并未磨灭他对艺术的热爱与追求。12岁起，他便背井离乡，外出谋生，先后流落到安徽、福建山区的小瓷作坊做童工，之后又辗转于上海、台湾、香港等地。但命运的磨难并没有阻挡他前进的脚步，14岁时，他开始发表作品，从此踏上了艺术创作的道路。早期，他主攻版画，凭借着自己的天赋与努力，其独具风格的作品很快在国内外崭露头角，饮誉画坛。16岁时，他已然能够以画画及木刻为生，用手中的画笔和刻刀描绘出生活的百态与心中的梦想。

1956年，《黄永玉木刻集》的出版，标志着他在艺术领域取得了重要成就。其代表作《春潮》《阿诗玛》如两颗璀璨的明珠，轰动画坛，展现出他非凡的艺术创造力。此后，他的艺术之路越走越宽广，创作领域不断拓展。1978年，英国《泰晤士报》用六个版面专题报道其人其画，让他的名字走向了世界。1980年，《黄永玉画集》在香港出版，随后国内多家出版社也纷纷推出他的画册，如《画家黄永玉湘西写生》《永不回来的风景》等，这些画册记录了他在艺术探索道路上的足迹，也让更多人领略到他独特的艺术魅力。他不仅在绘画领域成就斐

三、安乐行

然，在设计方面也留下了许多经典之作，猴票和酒鬼酒包装家喻户晓，成为时代的印记。此外，他还著有《永玉六记》《吴世茫论坛》等多部书籍，其文学作品如同他的画作一样，充满了奇思妙想和深刻的人生感悟。

2013年秋，"黄永玉九十画展"在国家博物馆盛大举行，这无疑是一场艺术的盛宴。展览共展出300余件作品，涵盖了版画、国画、油画、书法、雕塑、设计、玻璃工艺以及壁画等多种门类，全面展示了他在艺术领域的卓越成就。在众多作品中，一幅丈二的书法作品格外引人注目，上面写着："世界长大了，我他妈也老了！"这句看似是对"老"的感叹，实则蕴含着他对死亡和衰老的蔑视与坦然。在岁月的长河中，他历经风雨，却始终保持着一颗年轻的心，笑对人生的起起落落。尽管他几乎没有接受过系统的艺术学习和训练，但凭借着对生活的敏锐观察、对艺术的执着追求和那份不受拘束的"自在"，他在艺术的天空中自由翱翔，创造出了无数令人惊叹的作品，而这种"自在"也成为他作品中最鲜明的特点，吸引着众多艺术爱好者和追随者。

画展结束后的答谢宴会上，发生了一件趣事。当被

潮爷潮奶：打开老年安乐生活的N种方式

问及晚宴着装要求时，黄永玉幽默地回答："都不必了，最好裸体。"这一回答尽显他的风趣与不羁，也让人们看到了他不拘小节、率性而为的性格特点。他的生活中充满了这样幽默诙谐的瞬间，常常出人意料又令人捧腹大笑。

在艺术创作之外，黄永玉在对艺术作品的经营上也有着自己的原则。他深知自己作品的价值，为了避免不必要的索画困扰，他在家中挂出了一则别具一格的"启事"。这则"启事"幽默风趣又态度坚决，既表达了他对前来求画者的欢迎，又明确了交易规则，强调现金交易、价格合理、童叟无欺，同时也坚决抵制攀亲套交情等不良行为，所得款项将用于修缮凤凰县内的风景名胜。这不仅体现了他在艺术商业方面的清醒与智慧，更展现了他对家乡的深厚情感和回馈之心。

黄永玉不仅是一位杰出的艺术家，更是一个充满生活情趣的大玩家。他的幽默风趣无处不在，无论是在言语上还是在行动中。他说："真挚比技巧重要，所以鸟总比人唱得好。""漫长的演讲和放屁，都是在空气中拉屎。"这些话语看似直白粗俗，却充满了深刻的哲理和

三、安乐行

对生活的独特见解。他是《时尚先生》年纪最长的封面男郎，却毫不违和，反而展现出一种超越年龄的时尚感和活力。他热衷于观看相亲节目《非诚勿扰》，将其视为与年轻人交流的方式，始终保持着对新鲜事物的好奇和对时代脉搏的敏锐感知。

　　他的生活充满了各种乐趣和爱好。他拥有堪比宫殿的宅院，里面养着鹦鹉、名犬，处处充满生机。他喜爱豪车，身上装备着各路名牌，享受着生活的美好。他的画作常常在巨大的摇滚音乐夹杂着鸟鸣狗吠的声音中完成，这种独特的创作环境也反映出他不受常规束缚的个性。他甚至教鹦鹉讲英语，关于鹦鹉的故事他总是津津乐道，其中一个让人忍俊不禁：有人丢了鹦鹉后，因担心鹦鹉说出自己教的东西，竟在报上发表声明称自己的政治观点与鹦鹉不同。黄永玉讲述这个故事时，那绘声绘色的模样仿佛他就是故事中的主人公，让人感受到他对生活中点滴趣事的热爱和善于发现快乐的眼睛。

　　黄永玉的健康长寿之道，或许就隐藏在他这种乐观豁达、积极向上的生活态度之中。他对艺术的热爱如同燃烧不尽的火焰，给予他无尽的精神寄托。在创作过程

潮爷潮奶：打开老年安乐生活的 N 种方式

中，他不断挑战自我，尝试新的艺术形式和题材，让大脑始终保持活跃，思维敏捷。他丰富的社交生活，与各界人士的交往互动，以及对年轻人文化的关注和参与，使他的内心充满活力，避免了老年人常有的孤独和封闭。他幽默风趣的性格，让他能够以轻松的心态面对生活中的压力和困难，笑对人生的喜怒哀乐。他生活规律而充实，每天沉浸在艺术创作、与朋友交流、与动物相伴的乐趣中，身心得到了良好的滋养。

　　黄永玉，这位无愁河上的"老顽童"，用他的一生向我们展示了一种别样的人生境界。他的故事如同一首激昂的乐章，奏响了生命的最强音；又似一幅绚丽的画卷，描绘出生活的多姿多彩。他就像一颗永不落幕的星辰，在岁月的长河中持续散发着耀眼的光芒，照亮我们前行的道路，让我们明白，生命可以如此精彩，年龄不过是个数字，真正重要的是拥有一颗年轻而富有活力的心。

40
长寿俱乐部

　　在北京大学东门以东那片承载着岁月痕迹的老旧红楼间，曾经有一位年近百岁的智者——杨辛教授，在他那70平方米的斗室中，沉浸于哲学的深邃海洋，探寻人生的无尽价值。"人生七十已寻常，八十逢秋叶未黄。九十枫林红如染，期颐迎春雪飘扬。"他以一首自创的诗，开启了对生死这一永恒哲学命题的深刻诠释。在他眼中，生命不再是一条有去无回的直线，而是一个周而复始的圆，个体生命虽会终结，却将融入浩瀚宇宙的大生命里，与日月星辰同辉，与天地万物共寿，从自然中来，回归自然怀抱。

　　生于1922年的杨辛教授，是北京大学哲学系的杰出代表，身兼著名美学家与书画家多重身份，早年更是

潮爷潮奶：打开老年安乐生活的N种方式

受教于徐悲鸿大师。他所著的《美学原理》，宛如一座灯塔，为一代又一代的艺术专业学子照亮了入门之路。而他长期任教的北大哲学系，宛如一片智慧的星空，大师们如繁星璀璨，且个个长寿，被人们亲切地称为"长寿俱乐部"。提及这些前辈与同事，身为其中一员的杨辛教授，脸上洋溢着自豪的笑容，眼中闪烁着崇敬的光芒：

梁漱溟先生（1893—1988），享年95岁，被世人尊为"中国最后一位儒家"，他以独特的思想见解和学术贡献，在儒家思想的传承脉络中留下了浓墨重彩的一笔，成为中国近现代思想史上的标志性人物。

金岳霖先生（1895—1984），享年89岁，作为著名哲学家与逻辑学家，曾任北京大学哲学系系主任。他以开创性的勇气，运用西方哲学方法，融入中国哲学精神，构建起属于自己的哲学大厦，也是将现代逻辑学系统引入中国的先驱者，他的智慧如明亮烛光，在哲学的暗夜中照亮了前行的道路。

冯友兰先生（1895—1990），享年95岁，作为享誉全球的哲学家与教育家，其著作《中国哲学史》《中国哲

三、安乐行

学简史》等如巨石投湖，在国内外学界激起层层涟漪，影响深远，为世人展现了中国哲学的博大精深。

朱光潜先生（1897—1986），享年89岁，学贯中西，博古通今。他以深厚的学术造诣，在西方美学与中国传统美学之间架起一座坚实的桥梁，将旧的唯心主义美学与马克思主义美学紧密相连，成为中国美学史上一座巍峨的丰碑，其美学思想如璀璨明珠，闪耀在学术的天空。

宗白华先生（1897—1986），享年89岁，他如同一位孤独而坚毅的航海者，在中国现代美学的茫茫大海上破浪前行。作为开拓者，他凭借对中西艺术理论的精准导航，荣膺"融贯中西艺术理论的一代美学大师"的称号。

贺麟先生（1902—1992），享年90岁，著名哲学家、黑格尔研究专家，"新心学"的创建者。他以学贯中西的渊博学识，为哲学研究开辟了新的天地，其思想如春风化雨，滋润着学术的花园。

张岱年先生（1909—2004），在95年的人生历程中，凭借其在哲学研究与哲学史学梳理方面的非凡成就，傲

潮爷潮奶：打开老年安乐生活的N种方式

然屹立于现代学术之林，成为众人敬仰的现代哲学家和哲学史家。他的学术影响力如涟漪般扩散开来，深刻影响着中国哲学界的发展方向，其名字也因此铭刻在哲学发展的历史长河之中。

在杨辛教授的记忆深处，这些学界巨擘的生活简单质朴。他们对吃穿从不讲究，不依赖营养品，亦未听闻谁热衷于运动。许多人都在简陋的平房或旧楼中安身立命。就像杨辛教授自己，放弃了北大五道口宽敞的140平方米新房，只因眷恋旧居的宁静。家中陈设依旧保持着20世纪80年代的模样，几乎难觅新家具的踪影。杨教授认为，支撑他们长寿的核心动力，正是钻研学问所带来的无穷乐趣。他们将全部心血倾注于学术领域，精神力量的支撑使他们的生命之树常青。他们皆是心怀大爱的仁者，关爱他人的同时，自己的心境越发开阔。胸怀坦荡之人，心中无愧疚，心态平和愉悦，不为名利所累，不被琐事羁绊。

杨辛教授坦言，刚退休时，他也曾陷入迷茫与悲观。感觉生命如白驹过隙，匆匆流逝，虽想抓紧时间有所作为，却始终被阴影笼罩。然而，一次次勇攀泰山的

三、安乐行

经历，成为他心灵转变的转折点。他先后44次登上泰山之巅，92岁时一年内两次登山，还自豪地宣称从玉皇顶到南天门是自己徒步攀爬，连挑山工都对他熟知。他不仅用脚步丈量泰山，更用心灵感悟泰山之美，创作了30余首歌颂泰山的诗歌，并写下《泰山的美学考察》。在他眼中，泰山蕴含着中国哲学中"生"的深刻内涵，那是一种乐观进取、生生不息的精神，鼓励着他不断激发自身的生命力。

这些北京大学哲学系的前辈，以他们的人生轨迹向我们揭示了健康长寿的秘诀。于他们而言，精神世界的富足远超物质的追求。对学问的执着探索，犹如一盏明灯，照亮了他们漫长的人生道路；对他人的关爱与胸怀的坦荡，似一泓清泉，润泽了他们的心田；而对自然之美的感悟与积极向上的生活态度，如一阵春风，赋予了他们生命的活力。他们的故事如同一首悠扬的乐章，在岁月的长河中久久回荡，激励着我们在人生旅途中，以知识为舟，以爱心为桨，以乐观为帆，驶向健康长寿、富有意义的彼岸。

41
被"上帝"遗忘的人

周有光(1906—2017),经历了大清王朝、北洋政府、国民政府统治时期和新中国时期,因而被老朋友戏称为"四朝元老",他自己却开玩笑说,活了112岁,是因为"上帝"太忙,把他忘掉了。这一份豁达与乐观,从一开始便为他的人生奠定了独特的基调。

周有光早年主修经济学,在复旦大学、上海财经学院等高校任教,凭借其扎实的学术功底和敏锐的思维,在经济学领域崭露头角。然而,他内心深处对语言学和文字改革的热爱,如同燃烧的火焰,驱使他积极投身于拉丁化新文字运动。1955年,应国家之需,他毅然决然地转向专职语言文字工作,全身心投入文字改革和汉语拼音问题的研究之中。他就像一位无畏的探索者,在这

三、安乐行

片充满挑战的领域中披荆斩棘，最终主持拟定了《汉语拼音方案》，主导建立了汉语拼音系统。1961年，他的著作《汉字改革概论》问世，这部全面系统论述我国文字改革理论与实践问题的佳作，让他当之无愧地被誉为"汉语拼音之父"。这一学术成就，如同明亮的灯塔，照亮了中国语言文字发展的道路，也为他的人生增添了浓墨重彩的一笔。

1969年，已过花甲之年的周有光，遭遇了人生中的重大挑战。他被迫与妻子分离，前往宁夏"劳动改造"。那是一段艰苦卓绝的岁月，许多人在困境中沉沦，有的选择自杀，有的精神崩溃。然而，周有光却在这片荒芜中发现了别样的"趣味"。他回忆起平罗西大滩那空旷无垠的景象，眼中闪烁着光芒，仿佛那是一片充满希望的乐土。他笑着讲述失眠症在体力劳动中不治而愈的经历，并将其视为"塞翁失马"的幸事。而那一场大雁飞过头顶，粪便如"雨"而下的奇遇，更是被他描绘得绘声绘色，让人忍俊不禁。在他的讲述中，没有丝毫的抱怨与痛苦，只有对生活的坦然接受和乐观面对。这份在逆境中保持积极心态的能力，或许正是他长寿

潮爷潮奶：打开老年安乐生活的N种方式

的秘诀之一。

85岁离休后，周有光并未选择安享晚年，而是开启了人生的又一精彩篇章。他以书为伴，以笔为友，在知识的海洋中继续遨游。在随后的20年里，他笔耕不辍，先后出版了20余部著作。这些作品涵盖了语文、文化、历史等多个领域，如《语文闲谈》《文化畅想曲》《世界文字发展史》等。他的文字，如涓涓细流，滋润着读者的心田。特别是《朝闻道集》，这部杂文集收录了他百岁前后的所思所想，字里行间洋溢着他对文化和历史的深刻洞察，以及对人生的独到感悟。他说："老年读书，才体会到什么叫做'温故而知新'。学然后知不足，老然后觉无知。这就是老来读书的快乐。'朝闻道夕死可矣'，这是最好的长生不老滋补品。"他以一生践行"活到老，学到老"的箴言，让我们深切领悟到，学习不仅是积累知识的手段，更是一种润泽心灵、永葆活力的生活姿态。

周有光的爱情故事，更是如同一首优美的乐章，奏响了岁月长河中的温情旋律。他与夫人张允和性格迥异，一个活泼开朗，一个沉稳持重；一个钟情昆曲，一

三、安乐行

个喜爱西洋音乐；一个爱喝清茶，一个偏好咖啡。然而，这些差异并未成为他们之间的隔阂，反而促使他们相互理解，彼此尊重。在动荡的"文革"时期，他们相互扶持，相濡以沫，共同度过了艰难的时光。他们相识于青春年少，历经8年恋爱的甜蜜，携手走过70年婚姻的风雨，用近80年的时光诠释了爱情最美好的模样。妻子离去后，周有光怀着深情整理她的遗著《昆曲日记》，这不仅是对爱人的深切怀念，更是他们爱情的永恒见证。这份真挚的爱情，给予了他无尽的温暖与力量，成为他生命中不可或缺的精神支柱。

　　周有光的一生，是充满传奇色彩的一生，也是为世人提供宝贵经验的一生。他在学术上的卓越成就，源于他对知识的执着追求和对国家需要的无私奉献；他在困境中的乐观豁达，教会我们如何以积极的心态面对生活中的挫折；他与夫人相濡以沫的爱情，让我们明白真挚的情感是人生最珍贵的财富；而他晚年对读书和写作的热爱，则启示我们精神的富足是健康长寿的重要源泉。他用自己的经历告诉我们，无论处于人生的何种阶段，都应怀揣梦想，保持乐观，热爱生活，不断学习。

42

告老还乡

　　树木茂盛，芳草萋萋，一山一垄地，一牛一长者，是乡村常见的耕作景象。倘若仔细端详那张在网上广为流传的照片，便会发现这位庄稼把式虽身手娴熟，但其衣着与气度却透露出与众不同之处。他便是曾任南昌市市长、市人大常委会主任的李豆罗。一句"从农民到市长用了40年，从市长到农民用了4个小时"，简洁而有力地概括了他传奇般的人生转折。

　　卸任后的李豆罗，决然告别往昔的官场生活，全身心投入老家江西进贤西湖李家的怀抱。他如同一只归巢的倦鸟，寻得了心灵的栖息之所。从此，"太阳出来就做事，太阳下山就睡觉"成为他生活的节奏，"朴居乌岗山边，胜似隐士神仙，满眼青山绿水，更有空气新鲜，餐餐时令蔬菜,睡到太阳升天",这句顺口溜,生动地描绘出他在田园生活中的惬意与悠然。在这里,他远离了城市的喧嚣与纷扰,尽情享受着大自然的恩赐,每一寸土地都承载着他对生活的热爱,每一缕清风都轻抚着他那颗回归本真的心。

然而,李豆罗的归乡之举绝非仅仅是为了享受田园之乐,他怀揣着更为宏大的梦想与使命。他深知当下农村所面临的诸多困境,犹如一位洞察世事的智者,精准地找到了改变乡村面貌的路径与方法。他坚定地秉持着"农村就是农村,农村就要像农村"的理念,在这片生他养他的土地上,开始了一场大刀阔斧却又充满温情的变革。

西湖李家,这座拥有600多年历史的古老村落,许多房子在岁月的侵蚀下已破败不堪。李豆罗并未选择推倒重建的粗暴方式,而是以一颗敬畏历史的心,请来精通古建的施工队,修旧如旧。那400多栋房子,在他的精心呵护下,全都加上了马头墙,修起了红石门楼,古宅的建筑风格得到原汁原味的保留。曾经泥泞的村道,如今铺上了一层红石,无论天晴还是下雨,都为村民们

潮爷潮奶：打开老年安乐生活的N种方式

铺就了一条方便出行的幸福大道。西湖李家的降雨量极不均衡，那十几口山塘宛如村庄的守护者，承担着重要的调节作用。李豆罗不辞辛劳，带领乡亲们深挖所有山塘水库，让雨季的雨水得以充分积蓄，旱季时又能有充足的水源。这一举措，既防汛又抗旱，体现了他高瞻远瞩的眼光和对乡村发展的深刻理解。

在农村，人畜混居是一个普遍存在且影响深远的问题，西湖李家也不例外。村民的房屋周围搭建着牛栏、猪圈、狗窝、鸭棚，不仅影响美观，更对卫生状况造成了极大的破坏。李豆罗深知这一问题的严重性，他不辞辛劳，挨家挨户地做村民的思想工作，磨破了嘴皮子，终于成功说服村民，硬是将牛栏、猪圈等附属设施统一拆除，在村外集中建起了8处牛栏，实现了人畜分离。同时，农户家庭纷纷建造三格式化粪池，村里还新建了12座公共厕所。这一系列举措，让西湖李家的环境焕然一新，卫生状况得到了极大的改善。如今，"古村神韵，田园稻香，塘中莲藕，山间鹭翔，农家饭菜，湖边泳场"，李豆罗心目中那如诗如画的西湖李家正一步步从理想变为现实。

三、安乐行

在李豆罗的心中，留住乡愁文化、传承农耕文明是新农村建设的灵魂所在。为了实现这一目标，他不辞辛劳，用了整整3年时间，足迹遍布方圆数百里。他像一位执着的寻宝者，收集了3000多件展品，这些展品涵盖了犁、谷耙、镰刀、水车等各类农具，蓑衣、木桶、竹筐等各种用具，摇篮、花床等各种寝具，饭甑、茶壶、水缸等各类饮食用具，米铺、茶铺、匠铺、碾坊、油坊等各类作坊。他用这些展品建成了西湖李家农博馆，宛如一座农耕文化的宝库，浓缩了中国农耕文明的精华。"农夫草堂"作为村里的"文化艺术中心"，占地1800多平方米，上下三层，全由红石建造而成。这里不仅收藏了数千册图书，还珍藏着众多文化名家的书画作品和国际友人的题词。第四届国际楹联文化艺术节的成功举办，更是让"农夫草堂"声名远扬，享誉全国。

在西湖李家，文化的气息如同春风化雨，滋润着每一个角落。新修的马头墙和红石门楼上，刻上了《三字经》和"李氏名人"图像、故事，让村民们在日常生活中就能感受到传统文化的熏陶；"村规民约""文明村民八不准"的陆续颁布，为村民们的行为规范提供了准则；

潮爷潮奶：打开老年安乐生活的 N 种方式

村史、家谱的逐步完善，让村民们更加了解自己家族的渊源与传承；每年一次的"好婆媳""好父子""长寿老人""优秀村民""优秀少年"等表彰活动，如同一股正能量的暖流，在村里涌动，让敬老爱幼、和谐礼让的美德蔚然成风。大年初一的热闹非凡、清明节的集体祭祀、端午节的龙舟比赛、中秋节的圣塔火焰，团拜、表彰、慈善募捐、百桌年饭、上族谱、舞龙灯等一系列活动，让传统文化在现代社会中焕发出新的生机与活力。李豆罗当初提出的"城里人来了有看头，乡下人看了有想头，老年人看了回味无穷，年轻人看了增长知识"的目标已然实现。

按照"先村容，后文化，再产业"的建设步骤，西湖李家在李豆罗的带领下稳扎稳打，日新月异。如今，"树绕村庄，水满陂塘"的美丽村容村貌已基本形成，文明礼让、邻里和睦的风尚在村里盛行。以农耕文化、民俗风情为特色的 4A 级风景区吸引了众多游客前来观光游览，红红火火的旅游业带动了餐饮业和土特农产品销售，村民们的生活发生了翻天覆地的变化，人人有事做，个个有钱赚。

三、安乐行

　　李豆罗的故事，宛如一首动人的田园诗，又似一幅绚丽的山水画卷，他用自己的实际行动诠释了一种别样的退休生活，一种积极向上、充满活力的老年生活方式。他在田园间的辛勤耕耘，不仅收获了物质的富足，更收获了精神的满足与心灵的宁静。他与土地为伴，与村民为友，在为乡村建设贡献力量的同时，也找到了生命的新意义与价值。他的经历告诉我们，退休并非人生的终点，而是另一段精彩旅程的起点。在这片充满希望的田野上，他用热情与汗水书写着属于自己的"长寿"篇章，为我们展现了老年人健康长寿生活的另一种可能，激励着更多的人在人生的暮年，依然怀揣梦想，勇敢前行，去追寻那心中的诗与远方。

四、安乐坊

——要把病房当作游乐场

43
安乐坊

　　苏东坡，这位名垂青史的大文豪，人们因他的不朽诗词而沉醉，因他的洒脱旷达而钦佩，更因他那仿佛与生俱来的发现快乐和制造快乐的能力而心生敬意。古人常言人生有四大乐事，可在苏东坡的世界里，乐事如繁星般数不胜数。林语堂先生在《苏东坡传》中对他的评价可谓精准至极："是秉性难改的乐天派，是悲天悯人的道德家……是月下的漫步者，是诗人，是生性诙谐爱开玩笑的人"，"苏东坡过得快乐，无所畏惧，像一阵清风度过了一生"。

　　然而，苏东坡的人生并非一帆风顺，他才华横溢，名满天下，却命运多舛，仕途坎坷，先后四次被贬谪，历经无数的磨难，曾过着"食无肉，病无药，居无室，

潮爷潮奶：打开老年安乐生活的N种方式

出无友，冬无炭，夏无寒泉"的流放生活，甚至险些命丧狱中。他的政治生涯如同一辆疯狂的过山车，大起大落，这般遭遇足以让常人陷入绝望的深渊，心如死灰。但苏东坡却如一棵坚韧不拔的青松，在风雨中傲然挺立。他随缘自适，深入自省，努力忘却尘世的纷扰，追求心灵的安宁。他将那充满苦难的日子，过成了充满诗意与希望的"诗和远方"。这一切的根源，在于儒释道三教对他的滋养。自幼饱读诗书经文的他，汲取了儒释道思想的精华，从而能够在风雨中保持从容淡定。儒家的入世精神激励他热爱生活，积极承担社会责任，赋予他坚定执着的品格；道家的无为思想，尤其是庄子的齐物论，让他看淡名利，以一颗平常心面对世间的沧桑巨变，顺应自然，达到"此心安处是吾乡"的境界；佛家的身心皆空、即心即佛的理念，引领他走向圆融与通达。他自如地穿梭于儒释道之间，出世入世和谐共生，济世安民与参禅悟道互不干扰，畅游山水与治国理政相得益彰。儒释道在他身上完美融合，使他时刻充满热情与活力，无论身处何种困境，都能超然旷达，自得其乐，如一轮暖阳，温暖着自己，也照亮了他人。

四、安乐坊

　　苏东坡之乐,绝非仅仅关乎个人的得失,他心怀天下苍生,与民同乐,他的快乐源于有所作为,源于为百姓谋福祉。他为官清正廉洁,秉持着爱民、重民的民本思想,坚信民众是国家的根基,得民心则国家昌盛,失民心则国家灭亡,国家施政的关键在于赢得民心。他积极主张轻徭薄赋,时刻将百姓的疾苦放在心头。他不仅以笔为剑,为百姓仗义执言,"悲歌为黎元",更以实际行动,全力以赴提升百姓的生产生活水平。在凤翔,他改革"衙前役",赢得了"苏贤良"的美誉;在密州,他抗旱除蝗,收养弃儿,为无数生命带来希望;在徐州,他抗洪抢险,开采石炭,守护一方百姓的安宁;在扬州,他力罢劳民伤财的"万花会",减免百姓的"积欠",减轻百姓的负担;在颍州,他兴修水利,造福一方。即使被贬至黄州,身处逆境,他依然不忘百姓,成立"救儿会",向富人募捐,购置米、布、被褥,救济贫苦孕妇,对捐款者和养育弃婴者,他详细记录功德,公之于众,以激励后人,传承善举。

　　苏东坡两度任职杭州,前后五六年时间,在这片土地上留下了浓墨重彩的一笔,其功绩卓著,影响深远。

潮爷潮奶：打开老年安乐生活的N种方式

其一，疏浚河道，整治西湖。他如一位智慧的画师，精心描绘着杭州的山水画卷，让西湖重新焕发出迷人的光彩。其二，创建安乐坊，治病救人。公元1090年，杭州遭受重创，大旱之后蝗虫肆虐，疫病横行，饿殍遍地，弃儿无数，瘟疫如恶魔般笼罩着这座城市，患者腹痛腹泻、发热恶寒、肢节肿痛，无数人在病痛中绝望挣扎，求医无门，生命在黑暗中渐渐消逝。苏东坡目睹惨状，痛心疾首，他一方面积极组织赈灾，救济灾民；另一方面果断决定利用一处闲置的官家院落，筹建"安乐坊"，收治病人，阻止疾病的蔓延。开设医院需要巨额资金，他率先从府库中拿出平日节省下来的2000贯办公经费作为启动资金，同时呼吁城中富绅捐款相助。苏夫人深明大义，全力支持丈夫的善举，她带头变卖陪嫁首饰，参与募捐，家中积攒的五十两黄金也毫不犹豫地捐献出来。安乐坊建成后，苏东坡立即派遣官员和医生奔赴各个地区，救治病人，免费发放食品和药品，众多生命得到挽救。

据专家考证，安乐坊是我国历史上最早的公立医院。苏东坡在任期间亲力亲为，精心管理，并聘请精通

四、安乐坊

医术的僧人担任主管，安乐坊在治病防病方面成效显著，杭州百姓交口称赞。即便苏东坡离任后，安乐坊依旧蓬勃发展。宋徽宗崇宁二年（1103年），两浙转运司上奏朝廷："苏轼知杭州日，城中有病坊一所，名安乐，以僧主之，三年医愈千人，与紫衣。乞自今管干病坊僧，三年满所医之数，赐紫衣及祠部牒各一道。"意思是肯定苏东坡的做法，请求对安乐坊主管给予嘉奖。宋徽宗准奏，并改安乐坊为安济坊。此后，各地纷纷效仿，开设安济坊。南宋初年，又依照此法在各地创办养济院，这些官办的医疗救助机构在宋朝的社会救助和医疗活动中发挥了重要作用。

"安乐"寓意着安宁与快乐，"安济"表示安抚救济，"养济"则为供养周济，"医院"则是收容治疗病人的场所。当年，苏知州为何将治病救人之所命名为"安乐坊"，如今已无从考证。但我们愿以一颗浪漫之心揣测苏公的用意，或许他是希望通过精心的治疗与悉心的护理，不仅能消除患者身体上的病痛，更能为他们带来心灵的慰藉，让他们在病痛中保持乐观精神。此处的"坊"字，宛如一座标榜功德的丰碑，恰似牌坊、节义坊等建

197

潮爷潮奶：打开老年安乐生活的N种方式

筑，象征着苏东坡将解除病人疾苦、为百姓带来快乐视为积德行善之举。如此看来，"安乐坊"这一称谓，相较于安济坊、养济院乃至医院，更能彰显医者的仁心，更能深刻地体现医疗的本质——尊重人性，治病救人，努力提升患者的幸福指数。

44
绿洲艺术团

这是一群曾被命运捉弄,却以舞者之姿绽放生命华彩的勇士。绿洲艺术团,一个主要由老年癌症患者组成的舞蹈团体,他们以不屈的意志和乐观的精神,编织出一幕幕震撼心灵的生命传奇。

初见齐德明,她正站在绿洲艺术团排练场的最前面,领着大家练中华通络拳。她是一位乳腺癌患者,但从未屈服于病魔,虽年逾古稀,却依然精神矍铄。回忆起刚加入绿洲艺术团的情景,齐德明感慨万千。那时,她正在经历化疗的痛苦,头发大把大把地掉,生活几乎失去了动力。然而,当她看到绿洲艺术团的朋友们翩翩起舞时,内心被深深地震撼了。"这些人怎么这么坚强!"她暗自发誓,要用舞蹈找回生命的动力。于是,齐德明

潮爷潮奶：打开老年安乐生活的N种方式

担起了编导的职责，不仅拉来自己的双胞胎姐姐一起编舞，还找专业的舞蹈老师来教团友跳舞。在她的带领下，绿洲艺术团的舞技日益精湛，演出也越来越多。如今，他们已经成为昆明文艺圈的一支知名团队。

祝兰珍曾是一家工厂的职工，性格好强，每年都想争"先进机台"的称号。然而，命运却在她身上开了一个玩笑。1997年，她被确诊为乳腺癌，失去了一只乳房。这对于她来说，无疑是一个巨大的打击。但祝兰珍并没有放弃生活的希望，她庆幸自己加入了绿洲艺术团，用舞蹈来疗愈心灵的创伤。刚开始时，她只敢站在后排，觉得自己跳得不好。但随着时间的推移，她逐渐找到了自己的节奏和自信。现在，她已经成为团队中的佼佼者，每次排练都能引来一片笑声和掌声。祝兰珍说："舞蹈让我找到了新生的喜悦。在舞台上，我可以暂时忘记病痛和烦恼，全身心地投入舞蹈中，那种感觉真是太美妙了！"

张渝生是绿洲艺术团中为数不多的男性之一。他曾是一个热爱游泳和唱歌的汉子，然而肝癌的厄运却在他身上降临了。做化疗时，他依然能在病房里吃掉一大碗

四、安乐坊

妻子买来的米线。然而，妻子的突然离世却让他陷入了深深的悲痛之中。那段时间，张渝生几乎失去了生活的勇气。他不想出门，整天对着妻子的遗像发呆。后来，在绿洲艺术团团长周韵律的劝说下，他重新回到了排练场。在舞蹈中，他找到了久违的勇气和快乐。现在，他已经成为团队中最积极的团友之一，每次排练都早早到场，认真投入。张渝生说："舞蹈让我重拾了生活的勇气。在这里，我遇到了很多志同道合的朋友，我们一起跳舞、一起聊天、一起面对生活中的困难。这种感觉真是太棒了！"

在绿洲艺术团里被亲切地称为"小水仙"的段立，是一个对舞蹈有着无限热爱的癌症患者。她身材苗条、模样俊俏，每次排练都来得最早，走得最晚。即使肝癌复发、手术效果不佳，她依然坚持参加了自己的告别演出。她穿着银色的裙子，化着妆，站在舞台上，微笑着向观众致谢。那一刻，她是那么美丽、那么坚强。

绿洲艺术团的故事远不止这些。在这里，每一个舞者都有着自己的独特经历。他们用舞蹈表达对命运的抗争，用汗水和泪水浇灌着属于自己的绿洲。他们参加各

潮爷潮奶：打开老年安乐生活的N种方式

种演出与公益活动，用自己的经历激励着更多的人去热爱生活、珍惜生命。

齐德明编排的《泼水节的祝福》在北京北展剧场绽放光彩；陈明勇攀哈巴雪山之巅，成为癌症患者的励志榜样；祝兰珍享受着与儿子和猫咪相伴的温馨生活；张渝生在舞动中重拾生活的勇气；段立用生命诠释了对舞蹈的无限热爱与追求……

绿洲艺术团的朋友们以舞蹈为媒介，向我们展示了老年人勇于、善于、乐于面对病魔、面对衰老的积极态度。他们没有退缩和绝望，而是以不屈的意志和乐观的精神，用舞蹈诠释着生命的坚韧与美丽。他们的经历告诉我们，老年人应该轻松平和、顺其自然、积极阳光地面对老年生活，不断寻找生命的意义和快乐。

45
意义疗法

奥地利心理学家维克多·弗兰克尔于1946年创立了意义疗法。它鼓励人们在创造和工作中实现自我价值，在体验美好事物和真挚情感中感受生命的丰富，在勇敢面对苦难时彰显精神的力量，引领我们开启那扇通往生命意义的大门，踏上充满启示与成长的探索之旅。

弗兰克尔的一生充满了坎坷与磨难。在纳粹统治的黑暗阴影笼罩下，他和家人被无情地关进了集中营，那是人间炼狱般的存在。在集中营的日子里，他眼睁睁看着父母、妻子和兄弟惨死于毒气室，唯有他与妹妹侥幸存活。这段噩梦般的经历，如同一把锐利的刻刀，深深地镌刻在他的灵魂深处，让他深切体会到生命的无常与残酷，同时也如一颗炽热的火种，点燃了他对生命意义的深入思考。

在集中营的囚牢中，弗兰克尔敏锐地观察到犯人心理发展的三个阶段：恐惧如影随形，冷漠接踵而至，最终才可能走向恢复。他惊异地发现，那些心怀未竟使命的囚徒，最有可能跨越死亡的深渊。他坚信，人对意义的追求是内在的精神动力源泉，即便身处最极端恶劣的环境，亦能支撑人们咬紧牙关，忍受剧痛，实现自我的超越与升华。

意义疗法萌芽于纳粹集中营，扎根于存在主义哲学的深厚土壤，认为人是生理、心理和精神三方面需求相互交融、协同作用的有机整体。生理需求的满足，奠定了存在的根基；心理需求的满足，能描绘出快乐的色彩；精神需求的满足，可赋予人们价值感的光辉。弗兰克尔明确指出，人类与生俱来的基本精神渴望是对生命和生活意义的不懈探索与执着追求。生命意义具有两重性：一方面，意义像隐匿于世间的珍宝，需我们用心去发现，而非他人随意给予，它真实地存在于现实世界，具有不可更改的客观性；另一方面，每个人的生命意义又如独一无二的指纹，具有鲜明的独特性，无论性别、年

四、安乐坊

龄、种族如何迥异,每个人自降临世间起,就被赋予了专属的生命意义。

弗兰克尔认为,探寻生命的意义主要有三条幽径:其一,创造与工作,这是通往实现创造性价值的康庄大道。人应当从自己奉献给生活的点滴中,从亲手创造的成果里,挖掘创造性价值,进而揭开生命意义的神秘面纱。其二,通过体验世间万物,如工作的精髓、文化的魅力,尤其是可以通过爱(体验某个人)来发现生命的意义。爱是实现经验性价值的金钥匙,它能点燃创造性的火焰,让我们深切体会到沉甸甸的责任感。在爱的温柔怀抱中,我们能够洞悉生活的真谛与价值,感受到与他人心灵交融的深刻联系。其三,直面苦难。面对无可逃避的苦难,人们对命运的抉择全然取决于精神态度。哪怕面对泰山压顶般无法抗拒的命运力量,我们仍能自主选择自己的态度与立场。

意义疗法适用于众多因生活意义缺失而深陷心理泥沼的患者,如被抑郁笼罩、被空虚侵蚀、被绝望吞噬、在迷惘中徘徊的人们。它尤其擅长医治因各种缘由引发精神性存在性问题的神经症、精神病患者。在治疗这些病症时，意义疗法的目光聚焦之处并非症状本身，亦非心理病原，而是患者对待疾病的态度。

意义疗法的具体治疗技术主要有三种：意义分析法主要针对精神神经症以及精神紧张等症状，通过助力患者寻觅应投身的事业、应构建的关系和应实现的价值，实现精神复苏，从而全面认识自己以及肩负的责任；矛盾意向法主要适用于强迫症、恐惧症，对于那些有潜藏的预期性焦虑症的患者效果尤其显著，它可以有效控制焦虑情绪，使患者从容应对周围环境；非反思法主要用于治疗过度反思、过度注意以及过度自我观察，让疲惫的心灵得到休憩。意义疗法的显著特点是较少沉浸于往事的回顾与内省，极力避免深陷恶性循环的泥沼，而是将目光坚定地投向未来，在倾听与共情的基石上，竭力引领患者洞悉当下存在状态的意义，或将他们引入对未来生活意义的执着追寻之路。

意义疗法不仅是医治心理障碍的有效良方，更是给予我们洞察生命和生活全新视角的智慧之窗。它时刻提醒我们，生命的意义并非外界强加，而是需要我们用心灵去探寻、用双手去创造。通过创造与工作、体验万物、直面苦难，我们终将找到专属自己的生命意义，实现自我价值的持续升华。

意义疗法对老年患者的作用尤为明显：通过创造性活动，如绘画、园艺等，让老年人体验创造的乐趣和成就感；通过体验性活动，如旅行、社交等，让老年人感受生活的多样性和丰富性；通过探讨性活动，如座谈、辩论等，帮助老年人寻找和发现生命的意义，摆脱空虚和无意义感，提升老年人的生活满意度和幸福感。

在现代社会的喧嚣与忙碌中，人们如旋转不停的陀螺，常常在压力的旋涡中迷失，忽略了对生命意义的深刻思考。意义疗法提醒我们时刻保持对生命意义的热忱追求，不断在生活的琐碎中寻觅美好与意义的珍珠。唯有如此，当困难与挑战来临时，我们方能坚守如磐信念，秉持积极态度，勇敢无畏地迎接生活的每一次洗礼，用爱与责任编织更加绚烂美好的未来画卷。

46
音乐疗法

在医学与人文关怀深度交融的今天，音乐疗法作为一门新兴的边缘学科，正以其独特的魅力，为人们的身心健康开启了一扇新的大门。它以心理治疗的理论和方法为基石，巧妙地运用音乐所蕴含的生理和心理效应，在音乐治疗师和求治者的共同协作下，以各种精心设计的音乐行为为辅助，带领求治者深入音乐的奇妙世界，体验一场又一场触及心灵的音乐，从而逐步消除心理障碍，达到全面恢复和改善身心健康的目的。

狭义的音乐治疗，严格遵循规范的治疗流程。在这个过程中，音乐是无声的导师，被治疗者则是勇敢的探索者，而训练有素的音乐治疗师则是精准的导航仪，三者紧密相连，缺一不可。不同的理论流派与方法在这个

四、安乐坊

舞台上汇聚交融,共同编织出一幅治愈的画卷。而广义的音乐治疗,恰似一片广阔无垠的心灵绿洲,它不仅涵盖了狭义治疗的核心要素,而且包含了丰富多彩的音乐活动形式,如听、唱、器乐演奏、音乐创作、即兴演奏、跳舞等。在这里,被治疗者宛如自由的飞鸟,能够通过自娱、自助、自疗的方式,在音乐的天空中自由翱翔,寻觅内心的宁静与平衡,实现心理保健的美好愿景。通常,我们提及的音乐治疗多为广义范畴,其核心使命在于借助音乐教育与多样化的音乐活动,为被治疗者送上一份珍贵的心灵礼物——心理辅导与健康教育。

随着医疗技术的飞速发展与生活水平的显著提高,人类的整体寿命如同一棵茁壮成长的大树,不断延伸枝丫,老龄化的浪潮也随之汹涌席卷全球。岁月的痕迹悄然爬上老年人的脸庞,身体机能的衰退与疾病的侵袭如影随形,老年人的身心健康状况已然成为全社会的焦点。在这片关注的海洋中,音乐治疗宛如一座明亮的灯塔,为老年病尤其是心理疾病的治疗照亮了前行的道路,成为提升老年人生活质量与健康水平的得力助手。

针对老年人的音乐治疗,依据其参与程度的差异,

潮爷潮奶：打开老年安乐生活的N种方式

可划分为主动式、被动式与综合式三种类型。其中，主动式音乐疗法将老年人的积极参与置于核心位置，特别适合自理老人与半自理老人。独唱与合唱，如同音乐天空中的两颗明星，照亮了老人们的心灵世界。在独唱的舞台上，老人们全身放松，身姿挺拔，目光坚定地投向远方，用自然轻快的步伐，踏上音乐的旅程。他们运用胸腹式呼吸法，仿佛与宇宙的能量相连，将肺活量发挥到极致，将肺下积存的有害气体一扫而空，促进呼吸循环，让肺部功能更加强大。吟唱歌词时，口腔、鼻腔、头腔、胸腔四腔共鸣，不仅能唤醒沉睡的中枢神经，还能让五脏六腑随之舞动，推动身体内气机的流淌，疏通经络，增强体能，让生命的活力在每一个细胞中涌动。而合唱则让老人们相互呼应，彼此共鸣，共同创造出和谐美妙的音乐画卷。

在演唱与朗诵之外，舞蹈的加入更是为音乐治疗增添了一抹绚丽的色彩。老人们仿佛化身一只灵动的精灵，随着歌曲的音调，翩翩起舞，悠然自得。比如，在欢快的"拍手歌"中，老人们边唱边拍，手脚并用，每一个动作都充满了生机与活力；或是围坐成一个温馨的

四、安乐坊

圆圈,在音乐的传递中,将手中的物品如传递希望的火炬般依次传送,当音乐戛然而止,被幸运选中的老人带着羞涩与喜悦,登上舞台,展示自己的才艺,成为众人瞩目的焦点;又或是手拉手围成一个紧密的圆圈,围绕着中心欢快地旋转,歌声与笑声交织在一起,如同一条温暖的河流,流淌在每一个人的心田。

在现实生活中,我们的目光往往聚焦于那些饱受老年疾病困扰的群体,为他们的就医之路投入了大量的人力与物力,却常常在不经意间忽略了另一支庞大的队伍——身体尚属健康的老年人。他们数量众多,却较少受到社会的关注。然而,正是这个看似平静的群体,内心深处却极易滋生心理问题,如同隐藏在暗处的礁石,若不及时发现与疏导,便可能引发一系列如暴风雨般的身体疾病。

音乐治疗,恰似一阵温暖的春风,轻柔地拂过人类心灵与生理的每一个角落,对各种心理、生理症状以及不当行为进行巧妙而有效的干预。在心理障碍的迷雾中,在精神疾病的深渊里,以及在各种身心疾病的荆棘之路上,音乐治疗都如同一盏明灯,照亮了康复的方

潮爷潮奶：打开老年安乐生活的N种方式

向，展现出显著的治疗效果。它是一位神奇的魔法师，帮助患者披上乐观自信的铠甲，让他们的人格在音乐的滋养下茁壮成长，内心充满无尽的力量，实现从精神困境中华丽转身。适当的音乐治疗，不仅能让老人的心灵沉浸在愉悦的海洋，驱散孤独的阴霾，还能像一条温暖的纽带，增进人与人之间的深厚感情；它能让心肺功能焕发新的活力，改善呼吸系统的运行节奏；更能像一座坚固的堡垒，增强机体的免疫力，让老人们在岁月的长河中悠然自得，享受健康长寿的美好时光。

在江苏南京，有一位名叫彭泽民的老人，他用自己的人生谱写了一曲音乐与生命的赞歌。三十余载抗癌之路，他如一棵坚韧不拔的青松，在风雨中屹立不倒。音乐，是他手中的神奇魔杖，赋予他战胜病魔的力量。当恶性淋巴肿瘤悄然降临时，彭泽民的世界瞬间陷入黑暗，头昏眼花、走路不稳、食欲全无、对药物的恐惧如影随形。但在这片黑暗中，他心中的希望之火从未熄灭，坚信自己定能战胜癌症，而给予他精神支撑的重要力量，便是音乐创作。

音乐是他心灵的避风港，让他在困境中始终保持乐

四、安乐坊

观豁达的心态。一声声音符，一段段旋律，成为他与病魔斗争的有力利刃。随着时间的推移，他的病情如冰雪在暖阳下逐渐消融。他怀揣着一颗感恩的心，将自己的抗癌经历化作一首首动人的歌曲，如同一束束温暖的阳光，照亮了无数癌症病人前行的道路，给予他们勇气与力量。

2006年，退休后的彭泽民开始全身心地投入音乐创作的广阔天地中，成为一名充满激情的业余作曲家。在十年如一日的辛勤耕耘中，他用心灵的笔触，谱写了300多首饱含深情的民歌。这些歌曲的内容丰富多样，不仅仅局限于抗癌的坚定信念，更将他对家乡的深深热爱融入其中。家乡改革开放以来的巨大变化，如同一幅波澜壮阔的画卷，在他心中留下了深刻的印记，促使他将这份感动与眷恋谱写成一曲曲动人的赞歌。他将音乐创作视为一份甜蜜的事业，每年都有20多首歌曲从他的指尖诞生。2018年，他精心挑选出其中的100首，出版了作品集，将自己的心血和情感与世人分享。

他的民歌作品先后获得100多项荣誉。其中，《这里的山歌真好听》，凭借其独特的魅力，斩获全国原创歌

潮爷潮奶：打开老年安乐生活的N种方式

曲大奖，更在亚洲国际音乐节上，荣获歌曲创作金奖。音乐带来的快乐，如同一杯香醇的美酒，彭泽民渴望与更多人一同分享。于是，十几年来，他像一位执着的传教士，义务为民间合唱团传授声乐知识。他不仅用歌声传递爱与希望，还将自己积累的养生知识如涓涓细流般分享给大家。每次上课前，合唱团成员都会齐声唱响由他作词作曲的《保健歌》，那激昂的歌声仿佛是为健康生活奏响的号角。在阳光明媚的日子里，彭泽民带领合唱团成员来到羊山湖公园，让音乐与自然相拥，边放音乐边环湖漫步。这种将音乐与健身完美融合的活动，深受大家喜爱，吸引了众多合唱团以外的老人加入，共同感受这份独特的魅力。

对彭泽民来说，音乐，是一座明亮的灯塔，穿透抗癌之路的重重黑暗；是一处宁静的港湾，抚慰孤寂灵魂的累累伤痕；是一首激昂的赞歌，高唱对美好生活的炽热向往。彭泽民渴望将自己创作的歌曲传播到世界的每一个角落，让每一个人都能欢快地歌唱，用音乐的力量促进人们健康地生活在这个美好的世界上。他自己则凭借着对音乐的无限热爱与乐观向上的精神动力，成为无

四、安乐坊

畏的勇士,在抗癌的战场上坚守了30余年,最终成功战胜鼻腔恶性淋巴肿瘤,创造了生命的奇迹。他创作的《生命赞歌》被南京市癌友康复协会确定为会歌。"坦然面对死神,誓与命运抗争……经受风雨历程……"那激昂的歌声中,饱含着不屈的精神和对生命的敬畏,激励着每一个人勇敢地面对生活的挑战,追求生命的精彩。彭泽民的故事,就像一首动人的乐章,奏响了音乐疗法的美妙旋律,让我们深刻领略到音乐在身心健康领域的神奇力量。愿所有老年人都能紧拥对音乐的挚爱,踏上专属于自己的健康幸福征程,用灵动音符编织如梦未来,让生命在动人的旋律中绚烂绽放。

47
快乐疗法

快乐疗法，在欧美又被亲昵地称为"幽默疗法"，为无数患者带来了新的希望与力量。它运用各种能唤起愉快情绪、驱散阴霾的心理治疗技术与措施，宛如一位神奇的魔法师，轻轻挥动手中的魔杖，便能让压抑的心灵重见阳光，这当中，笑的作用至关重要。

笑，作为快乐疗法的核心要素，绝非仅仅是一种表情，它蕴含着治愈身心的巨大能量，这一点已被科学研究反复证实。当人们纵情欢笑时，体内便奏响了一曲美妙的交响乐，心血管系统也就受到了欢快的鼓舞，加速了其健康运行的步伐，胸肌舒展，胸廓欣然扩张，肺活量得到增大，身体被注入了鲜活的动力。随着笑声越发爽朗，大脑就像被温柔唤醒的精灵，开始分泌一种名为内啡肽的神奇激素。它是天然的镇痛剂和镇静剂,轻柔地舒缓着疼痛与不适,如同春风吹散了心中的厌烦、懊丧、忧郁和紧张,等等。经专家精准测定,人在欢笑之际,血液中的肾上腺素如欢快的溪流般增多,体温随之上升,呼吸与心跳也加快了节奏,其功效甚至超越了健身操,令人惊叹不已。那毫无拘束的大笑,便是一场身体内部的欢乐派对,心、肺、膈、肝等在这场派对中尽情舞动,得到了全方位的锻炼,呼吸系统中的杂质被一扫而空,血液循环加快,心脏的搏动更加有力,内分泌系统功能得以增强,脏腑功能被注入了无穷活力,进而使免疫能力得到加强。

在癌症患者的世界里,快乐疗法意义非凡。他们往往承受着器官摘除或部分生理功能丧失的巨大痛苦,背负着沉重的枷锁,极易陷入消极情绪的泥沼。此时,微笑便成为他们挣脱枷锁的有力武器。专家建议癌症患者,学会用微笑点燃内心的愉悦之火,从微微上扬的嘴角开始,逐步练习,直至开怀大笑。多聆听那些令人捧腹的搞笑故事,沉浸于幽默书画的诙谐世界,观赏滑稽有趣的影视作品,与他人畅所欲言、谈笑风生,站在哈

潮爷潮奶：打开老年安乐生活的N种方式

哈镜前，让扭曲的影像逗得自己哈哈大笑，尽情享受各种娱乐活动带来的欢乐时光。与乐观开朗之人相伴，用开心的话语编织美好的时光，投身于快乐事情之中，将烦恼与苦闷远远抛离，让微笑成为生活的常态，精神抖擞地迎接每一个崭新的日子。

在众多与病魔顽强抗争的勇者中，张贵蒙老人的故事让人敬佩不已。身患重病的他，并未在痛苦中沉沦，而是以坚韧不拔的毅力和积极乐观的心态，直面命运的挑战。他坚信科学，积极配合治疗，勇敢地迈出家门，投身于大自然的怀抱，在山川湖海间释放内心的压力，拓宽生命的视野。他精心规划起居生活，确保营养充足，毅然摒弃不良嗜好。他热衷于与病友分享抗癌心得，积极参与户外旅游，在山水之间放松身心，舒缓压力。病后的他仿佛开启了一扇全新的大门，下载了微信、QQ、美篇、彩视、美图秀秀、全民K歌、摄影软件MIX等，尽情探索丰富多彩的业余生活。通过广泛的交流与学习，在写写说说中不断进步，用自己的抗癌经历为病友们点亮希望之灯，给予他们开导、鼓励，传递着满满的正能量，践行着"高兴快乐，群体抗癌"的宗旨，让病友们感受到了集体的力量与温暖。

杨国杰的故事同样令人心生敬意。20年前，刚刚退休的他，就被命运无情地推向了病魔的深渊。在成都华西医院的手术台上，医生面对他腹腔内拳头大小、位置刁钻且紧紧压迫动脉血管的肿块，无奈地选择了缝合还原。杨国杰并未因此陷入绝望，他将"乐观的心态比药物治疗更重要"这句座右铭深深铭刻于心，顽强地与病魔展开了殊死搏斗。他每日坚持运动，漫步于花园之中，与病友倾心交流，倾心向医生请教。半年之后，奇迹降临在他身上，病情从稳定控制逐渐走向好转。此后，杨国杰并未满足现状，而是不断完善自己的快乐疗法，总结出充满智慧的8个词语："藐视疾病，放松心情，培养情趣，乐观向上，广交朋友，合理膳食，生活规律，坚持锻炼。"他的每一天都充实而有意思：清晨，伴着鸟儿的欢歌出门，做保健操，打太极拳，尽情享受清新的空气与初升的朝阳；中午，沉浸于书籍的世界，用笔墨书写诗词楹联，抒发内心的情感；下午，与鸟协会员相聚于爱鸟亭，分享养鸟的乐趣，交流心得；夜晚，与家人围坐在一起，看电视，拉家常，感受家庭的温

潮爷潮奶：打开老年安乐生活的N种方式

馨。杨国杰凭借着快乐疗法，在与肝癌的漫长较量中，书写了属于自己的生命奇迹，他的故事激励着无数人在面对困境时，选择以乐观和微笑迎接挑战，相信希望的力量，坚定地走向生命的新征程。

张贵蒙、杨国杰的故事便是快乐疗法强大力量的生动写照。他们在重病的困境中，拒绝向命运低头，凭借乐观积极的心态和对生活的热爱，不仅自身病情得到改善，还成为传递希望的使者，鼓舞着身边的病友。他们的经历证明，快乐疗法不仅能够缓解身体上的病痛，更能在心灵深处给予患者力量，使患者重塑对生活的信心。

快乐疗法，这一融合心理与情感力量的独特治疗方式，以其创新性和积极影响力，为健康领域注入了新的活力。随着人们健康观念的不断深化，快乐疗法的价值越发凸显。它提醒我们，在与疾病的斗争中，保持积极的情绪和乐观的心态是不可或缺的重要因素。快乐疗法不仅是一种治疗手段，更是一种生活态度，引导人们在面对困难时，选择用微笑和快乐去拥抱生活，让生命在困境中依然绽放出绚烂的光彩，为患者及其家庭带来希望和勇气，也为医疗领域的发展提供新的思考方向和实践路径。

48 体育疗法

体育疗法，作为一种根据伤病特性精心雕琢的全身或局部运动艺术，在修复和再造身体机能的征程中，已然成为物理治疗领域的中流砥柱，是康复治疗不可或缺的重要手段。体育疗法宛如一位洞察入微的智者，深入探究患者的功能状况与疾病本质，精心挑选契合的功能活动及运动策略，为每一个独特的生命量身定制，旨在引领患者在运动的旋律中，奏响身心健康的和谐交响曲，迈向远离疾病、拥抱活力的美好彼岸。

回首往昔，体育疗法在我国大地上早已生根发芽，成为人们追求健康、抵御疾病的得力助手。庄子倡导的"吐故纳新""熊经鸟申"，是一盏古老的明灯，照亮了养生的智慧之路。那不仅仅是简单的呼吸运动和仿生锻

潮爷潮奶：打开老年安乐生活的N种方式

炼，更是一种对生命奥秘的深刻探索，提醒人们在一呼一吸间，汲取自然的力量，让新鲜的氧气涤荡身体的每一个角落，以模拟禽兽的灵动姿态，唤醒身体深处沉睡的活力。药王孙思邈坚信运动具有"百病除，行及奔马，补益延年，能食，眼明轻健，不复疲乏"的神奇功效。我们智慧的祖先，早就运用导引术、五禽戏、太极拳、八段锦等保健体操，编织出一张细密的健康之网，为子孙后代抵御疾病筑起了坚固的防线。这些古老的运动方式，不仅是身体的律动，更是中华民族对生命敬畏与呵护的生动体现，它们承载着先辈们对健康长寿的殷切期望，穿越时空，将健康的火种代代相传。

　　对于老年人而言，体育疗法犹如生命中的暖阳，温暖而珍贵。它是平衡精神与心理状态的天平，帮助老年人在岁月的沧桑中保持内心的宁静与从容。在每一次的伸展与运动中，肌体的新陈代谢都被注入了新的活力，加速运转，排出岁月沉淀的杂质，焕发出年轻的光彩。神经系统机能在体育疗法的滋养下，稳如磐石，有效防止器官功能的衰退，为生命时钟拧紧了发条，使其嘀嗒作响的节奏更加稳健有力。免疫力在运动的磨砺中不断

四、安乐坊

增强，抵御着疾病的侵袭，延缓着衰老的脚步，让老年人在生命的黄昏时分，依然能够绚丽绽放。体育疗法更是病后身体机能恢复的加速器，为那些在病痛中挣扎的老人带来了重生的希望。

体育疗法在老年人"治已病"的战场上，是一位无畏的勇士，冲锋陷阵，屡立奇功。中等强度的步行、慢跑等有氧训练，为冠心病患者的心脏注入了一股清泉，滋润心肌，减少心肌梗死的威胁，降低死亡的风险。高血压患者在室外体育锻炼的怀抱中，如漫步于健康的花园，步行、慢跑、打太极拳、练医疗体操、打羽毛球、骑自行车等运动项目，像一把把神奇的钥匙，开启了血压稳定的大门。糖尿病患者在适当运动的陪伴下，找到了战胜疾病的有力武器，其治疗效果比药物更加直接、安全、有效，仿佛为身体的胰岛细胞注入了新的活力，使其重新焕发生机，精准调控血糖。慢性腰腿痛患者在腰、背和腿部肌肉锻炼的磨砺中，如凤凰涅槃般重生，打太极拳、练五禽戏、练体操、散步、慢跑、打门球等运动项目，特别是退步行走，如通经活络的神奇魔杖，驱散了患者疼痛的阴霾，增强了患者腰部的力量。癌症患者

潮爷潮奶：打开老年安乐生活的N种方式

在经历了手术、放疗、化疗的洗礼后，身体脆弱而疲惫。此时，体育锻炼给予他们力量和支撑。古人创造的导引术、五禽戏、八段锦、太极拳、易筋操等运动方式，犹如生命的守护天使，让患者重新燃起对生活的信心，缓解症状，延长生存期，成为他们抗癌路上的坚强伙伴。

而在"治未病"的领域，体育疗法更是老年人的智慧之选，是预防疾病的坚固盾牌。体育疗法能增强心肺功能，降低心血管病的发病风险，为心脏和血管披上一层坚韧的铠甲，抵御动脉硬化、冠心病、高血压、脑卒中等恶魔的侵袭。神经系统在体育疗法的呵护下，功能如灵动的音符，跳着改善的旋律，使老年人记忆力不断增强，反应更加敏捷，思维如年轻时般活跃，精神矍铄，乐观积极地面对生活的每一天。脂肪在运动的火焰中燃烧，防止老年人肌肉萎缩、关节僵硬和骨质疏松，使老年人保持身体的柔韧性和活力，远离糖尿病的困扰。免疫力在体育疗法的锤炼下，如钢铁般坚强，对不良环境因素的适应能力显著提高，如同在身体周围筑起了一道坚不可摧的防线，抵御各种疾病的入侵。消化功能在体育活动的促进下，如欢快的乐章，胃肠道供血充足，蠕动有力，消化

四、安乐坊

液分泌旺盛，营养素的消化、吸收和利用更加高效，为身体提供源源不断的能量。身体毒素在运动的推动下纷纷排出体外，降低了与内分泌紊乱有关的肿瘤发病率，为健康保驾护航。体育疗法还是心理健康的良师益友，为郁积的消极情绪提供了宣泄的舞台，让冲动的洪水得到疏导，情绪障碍如冰雪遇骄阳般消融，抑郁的阴霾被驱散，使老年人的心灵充满阳光，让他们积极乐观地拥抱生活。

　　体育疗法，这一跨越千年时光的智慧结晶，以其独特的魅力和卓越的功效，在人类健康的征程中留下了深刻的印记。它不仅是一系列动作的组合，更是一种将运动与康复紧密交织的生命哲学，一场跨越时空的健康传承。它不仅是一种治疗手段，更是一种生活态度，一种对生命的热爱与执着。它让我们深刻领悟到，生命的活力并非随着年龄的增长而消逝，而是可以在运动中重新绽放。每一次的汗水挥洒，每一次的肌肉拉伸，都是对生命的一次礼赞。它激励着我们，无论处于人生的何种阶段，都应珍视身体这一宝贵的礼物，用运动去书写生命的精彩篇章。让我们怀揣着对健康的渴望，踏上体育疗法的征程，在运动的海洋中畅游，收获生命的奇迹与希望。

49
安宁疗护

安宁疗护摒弃了以治愈疾病为终极目标的传统观念，彻底放下了那些有创且徒劳地刻意延长生命的治疗手段。时光回溯至20世纪40年代，安宁疗护的理念如同一颗希望的种子，在英国的土地上悄然生根发芽，随后逐渐在美、德、法等发达国家绽放出绚丽的花朵，各种形式的临终关怀机构如雨后春笋般林立而起。

1987年，在中国这片古老而充满温情的土地上，第一家临终关怀医院横空出世，开启了我国安宁疗护事业的新纪元。至2020年，全国已有9家地市级、15家县区级安宁疗护试点单位。近年来，我国政府及相关部门高瞻远瞩，颁布了一系列文件，大力倡导建立健全医疗卫生机构与养老机构之间的合作桥梁，整合各方资源，精心编织起一张涵盖治疗、康复、养老和护理的全方位服务网络,为老年人的晚年生活保驾护航,尤其是为那些身处生命终末期的老人提供一体化的临终关怀服务,让他们在人生的最后旅程中不再孤独与无助。政府积极推动安宁疗护服务,鼓励有条件的养老机构踏上专业化的征程,申请开办各类康复、护理、中医等相关机构,明确了安宁疗护中心的准入门槛、服务规范与操作准则,为安宁疗护事业的规范化发展筑牢了坚实的基石。

安宁疗护的实施过程,宛如一首精心编排的温暖乐章。当临床医生凭借其专业的判断,确定患者已踏入临终期,现代医疗手段已无力回天之时,他们会怀着沉重的心情,与病人及其家属展开一场关乎生命抉择的深度沟通,询问病人及家属是否愿意接受安宁疗护这一充满人性关怀的选择。这意味着放弃那些插管、心肺复苏等看似"挽留"实则无谓且创伤性巨大的抢救措施,转而将重点聚焦于缓解患者的不适症状。护理人员如同贴心的守护者,细致入微地处理患者身体上的水肿、疼痛、大小便失禁等种种困扰,用专业与爱心为患者减轻痛苦。紧接着,心理护理如春风化雨般悄然降临,专业的

潮爷潮奶：打开老年安乐生活的N种方式

护理人员耐心地陪伴在患者身旁，倾听他们内心的恐惧与渴望，帮助他们平静地直面死亡，如同陪伴一位即将远行的朋友，协助他们完成那些未竟的心愿，让生命的落幕不再充满遗憾与不安。

在人们的传统印象中，安宁疗护或许总是与医院那充满消毒水气味的ICU或病房紧密相连。然而，在入住老人平均年龄逾86岁的杭州市社会福利中心，却演绎着别样的安宁疗护故事。自2020年5月临终关怀（安宁疗护）项目正式启动以来，芸汐工作室安宁疗护团队如同一群温暖的天使，在两年多的时光里，用爱与关怀陪伴了100多位老人走过生命的最后旅程。在这里，约六成选择安宁疗护的老人实现了自然终老，宛如秋叶般静美地飘落。安宁疗护其实有着丰富多样的形式，它包含住院、居家、共同照护三个部分。那些病情复杂棘手、需要特殊照顾技术的患者，会在医院的安宁病房或一般病房里接受专业的安宁疗护服务；而当患者病情趋于稳定，或者更倾向于在家中度过最后的时光，且家属具备照顾能力时，安宁居家团队便定期上门为患者进行诊查、治疗、照顾，并给予家属悉心的技巧指导，让患者在家的温暖怀抱中,在家人的环绕下,平静而安详地走完人生之路。

安宁疗护的核心意义在于,当我们勇敢地承认生命有限这一既定事实后,不再盲目地将剩余的珍贵时光消耗在无谓的挣扎之中,而是选择以坦然和平静的心,与家人紧紧相依,共同度过这最后的宝贵时刻。安宁疗护,作为患者生命最后一程的温暖医学陪伴,它不以治愈疾病、延长生命为目的,而是将目光坚定地投向提高患者的生命质量,力求让患者和家属在身心上都能收获舒适与安宁。它是对生命的尊重,是对人性的关怀,让我们在面对死亡时,不再只有恐惧与无奈,而是多了一份从容与温暖。

北京海淀医院安宁疗护病房主任秦苑,作为安宁疗护事业的积极践行者,对其有着深刻而全面的理解。她深知安宁疗护不仅仅是医学手段的运用,更是一场关乎生命尊严、心理慰藉与精神关怀的伟大旅程。她用医学的智慧与力量,精准地控制患者的痛苦症状,为患者提供无微不至的舒适护理,让他们在生命的最后时光里仍能品味生活的点滴美好,重拾生命的尊严。她用心倾听

潮爷潮奶：打开老年安乐生活的N种方式

患者内心的声音，给予他们充分的心理和社会支持，帮助他们修复破损的心灵，让他们接纳不完美的自己，与自己和解，与他人和解，重新建立起温暖而有意义的人际关系。安宁疗护在精神的高地上，为患者点亮一盏明灯，协助他们探寻生命的意义，让心灵在生命的尽头找到栖息之所，获得平静与安宁。安宁疗护还如同一座桥梁，连接着患者与家属，提高双方对疾病与死亡的认知，陪伴家属走过这段艰难的告别之旅，为他们安排合适的丧葬方式，在居丧期给予贴心的心理支持，让家属在悲痛中感受到一丝慰藉和力量。

安宁疗护，如同一首无声的诗，在生命的尽头低吟浅唱，唤醒我们对生命意义的重新审视。它让我们明白，生命的价值不仅仅在于长度，更在于宽度与深度，在有限的时光里，我们应以怎样的姿态面对生死，以怎样的方式珍视每一个当下，与家人共度每一段温馨的时光。当我们真正理解并接纳安宁疗护的理念时，或许我们便能在生命的旅途中，更加从容地面对风雨，更加坦然地迎接未知的终点，让生命的每一刻都充满爱与温暖，让告别不再是痛苦的终结，而是另一种形式的永恒。

50
预先医疗指示

新加坡国父李光耀，这位祖籍中国广东省梅州市的杰出政治家，一生纵横政坛，为新加坡的发展立下了不朽功勋。他毕业于新加坡莱佛士学院，作为新加坡人民行动党创始人之一，在政治舞台上扮演了诸多重要角色，从开国元首到资政，其影响力深远而广泛。他还被中共中央、国务院授予"中国改革友谊奖章"，以表彰他在推动新加坡参与中国改革开放进程中的卓越贡献。

2013年，《李光耀观天下》出版。在这部著作中，李光耀以广博的视野剖析世界形势，深入探究各国社会与人民心理，对未来世界做出前瞻性展望。同时，他在书中坦诚分享了自己对死亡的深刻见解。彼时已89岁高龄的他，直面生命的必然归宿。他说："生比死好。但

潮爷潮奶：打开老年安乐生活的N种方式

每一个人终究得面对死亡。"他思索着自己离世的方式，是冠状动脉中风的迅速终结，还是脑部中风后的半昏迷卧床数月，而他明确表示更倾向于前者，希望死亡能来得干脆利落。

李光耀与妻子柯玉芝携手走过了63年的美好时光，他们的爱情故事堪称佳话。柯玉芝去世后，尽管李光耀一直保持着锻炼和自律的生活习惯，但依然无法阻挡岁月的侵蚀导致的身体机能的衰退。他坦然接受身体的变化，积极让自己的头脑保持活跃，不断学习新知识，接受新事物，并做出一个重大决定——签署"预先医疗指示"。他明确表示，如果自己必须依靠插管进食且康复无望、无法再次自主行动，那么希望医生为他拔掉插管，让他能尽快结束生命。在律师朋友和医生的见证下，他庄重地签下了这份指示，为自己的生命画上了一道自主抉择的底线。

李光耀之所以做出这样的决定，是因为他目睹了太多类似的悲剧，他的妻姐夫杨玉麟便是其中之一。杨玉麟在病逝前插管卧病在床，大脑逐渐失去意识，却仍在家人和医生的坚持下延续着毫无质量的生命。李光耀对

四、安乐坊

此深感痛心，他认为医生和亲属不应一味地延长病人的寿命，而应尊重生命的自然规律和病人的意愿。他希望自己的人生终结时，能够迅速且毫无痛苦，而不是成为一个仅存躯壳、毫无尊严地躺在病床上靠各种仪器维持生命的"植物人"。

无独有偶，我国文学巨匠巴金的晚年经历也令人唏嘘不已。巴金一生为文学事业鞠躬尽瘁，他与妻子萧珊的爱情故事感人至深。萧珊去世后，巴金将她的骨灰置于卧室，床头摆放着她的译作，以这种方式寄托着对亡妻的深深思念。然而，巴金晚年却饱受帕金森病的折磨，行动不便，握笔艰难，写作对他来说成了一种巨大的挑战。1999年，95岁的巴金因呼吸道感染住进华东医院，从此再也未能回家。在生命的最后六年里，他承受着巨大的痛苦，插管吸痰、气管切开、呼吸机辅助呼吸、鼻饲进食，下巴脱臼，每一项治疗都让他的身体和精神备受煎熬。他曾多次表达希望结束生命，早日与爱妻团聚，在他眼中，长寿已不再是一种恩赐，而是一种残酷的惩罚。

预先医疗指示的核心意义在于，它赋予了患者在丧

潮爷潮奶：打开老年安乐生活的N种方式

失决定能力时仍能掌控自己医疗决策的权利。在生命的末期，许多老年人都会面临着是否接受人工维生治疗的艰难抉择。每个人的价值观不同，有些老人渴望不惜一切代价延长生命，无论生命质量如何；而有些老人则更愿意顺应末期疾病的自然发展，平静地走向死亡，不愿被各种人工维生设备束缚，失去生命最后的尊严。这些不同的价值观都应得到尊重，老年患者的人格尊严和自主决定权必须得到维护。

　　李光耀的预先医疗指示得到了忠实的执行，他如愿以偿，平静地离开了这个世界，留下的是令人敬仰的精神财富。而巴金在痛苦中度过了漫长的六年，他的遭遇让我们不禁反思，在生命的尽头，我们是否应该更加尊重患者的意愿，让他们能够按照自己的意愿有尊严地离去。这不仅是对生命的尊重，更是对人性的关怀，愿人们在面对生死抉择时，都能够更加理性、从容地做出正确的选择。

51

预约美好告别

　　人生如何谢幕？让我们走进琼瑶与平鑫涛的真实世界，一同聆听他们在生命尽头的低吟浅叹，探寻那关于爱、尊严与告别背后的深刻启示，在这场震撼心灵的旅程中，重新审视我们对待生命终章的态度。

　　琼瑶生于1938年的四川，后随家人迁居台湾，自幼受古典诗词的润泽，9岁便在《大公报》崭露头角，发表小说《可怜的小青》，16岁于《晨光》杂志发表《云影》，25岁凭借《窗外》一跃成为文坛新秀。此后50余载，她以笔为犁，辛勤耕耘，那些充满浪漫诗意与青春唯美的爱情故事，如同一朵朵盛开的花，吸引着众多读者。其作品大多被搬上银幕，她也因此被尊为"爱情教母"，"有华人的地方就有琼瑶"便是对她个人影响力的

潮爷潮奶：打开老年安乐生活的N种方式

生动写照。

琼瑶与平鑫涛的爱情历经16年的追逐与40年的相伴。然而，时光无情，2019年，92岁的平鑫涛已卧床三年，病入膏肓，往昔的风采不再，脸上写满痛苦。琼瑶每日目睹丈夫大小便失禁的惨状，心痛不已，她希望丈夫能解脱，不再受病痛与器具的折磨，可这一想法却遭到平鑫涛前妻及儿女的极力反对，他们要求给予最好的治疗。在医院的日子里，"相对两无言，默默不得语"，琼瑶与平鑫涛度过了一个寂静而沉重的40周年结婚纪念日，直到平鑫涛的病情急转直下，在最后的时刻，琼瑶紧握着他的手，轻声诉说着解脱与永别。

随后，琼瑶在《雪花飘落之前：我生命中最后的一课》中分享了自己与丈夫的故事，也表达了对生死的深刻见解："生时愿如火花，燃烧到生命最后一刻。死时愿如雪花，飘然落地，化为尘土！"死亡不应被逃避，而应被坦然面对，"笑看死亡，优雅转身，才是对人生最好的谢幕"。她在给儿子和儿媳的公开信中，倾诉了内心的担忧。台湾失能者平均卧床时间长达7年，子女往往选择通过插管或送长照中心来尽孝，却忽视了老人的尊

四、安乐坊

严。长照中心的种种问题,如人满为患、照顾不足,甚至发生伤亡惨剧,让她痛心疾首。她呼吁政府应当重视"尊严死"政策的制定或立法允许"安乐死",因为没有一位卧床老人愿意在无尽的痛苦中等待死亡。

琼瑶对"活着"有着自己的定义,她认为要有喜怒哀乐、懂得爱与被爱、能表达情感、有思想有行动,当这些都失去时,人就只剩躯壳。她对儿子和儿媳直言:不论身患何种重病,不动大手术,让自己死得快最为重要。在能做主时自主抉择,若不能做主,希望家人照她的叮嘱行事。她最怕的不是死亡,而是失智和失能,若陷入这种境地,希望家人帮她实现"尊严死",能去瑞士"安乐死"更好。

琼瑶在丈夫平鑫涛生命尽头的经历以及她对生死的认识,如坦然面对死亡、重视"尊严死"和"安乐死"等观念,深刻反映出她对生命意义和尊严的独到见解。她的故事和主张在社会上引发了广泛而热烈的讨论,让我们清晰地看到在生死抉择面前,人们面临着前所未有的艰难困境。传统观念中对生命延续的执着追求,使家属往往难以接受放弃治疗的选择;而患者自身在失去基

潮爷潮奶：打开老年安乐生活的N种方式

本生活能力后，承受着巨大的痛苦，内心对尊严的渴望却又难以言说。这促使我们深入思考，如何在生命的最后旅程中，如琼瑶所期望的那般预约一场美好的告别，实现有尊严的谢幕，而非麻木地延续毫无意义的痛苦。同时，我们更应从琼瑶的经历中汲取智慧，生命是一场无比珍贵的旅程，每一刻都值得我们用心珍惜，让我们勇敢且理智地面对死亡，赋予生命终点应有的尊严与意义。

52

诺玛的觉醒

诺玛的一生历经磨难。出生在德国经济大萧条时期，20岁时遭遇第二次世界大战，背井离乡来到美国的她遇到了军旅退役的雷欧，两人婚后领养了一双儿女。女儿史黛西年纪轻轻就死于舌癌，儿子蒂米是职业旅行者，常年漂泊在外，留下老两口相依为命。

生活总是因为看不到希望而变得没有了色彩，生活的磋磨也足以让人颓废沮丧，她把大半辈子的光阴留在了美国密歇根州北部的一个小镇上，再也没有离开过。

诺玛步入90岁门槛时，命运再次对她进行了残酷的考验。先是丈夫的离世让她沉浸在无尽的悲伤中，而仅仅两周之后，她又接到了子宫癌晚期的诊断，生命被宣告仅剩一年。在亲历丈夫艰难的治疗过程后，诺玛又

潮爷潮奶：打开老年安乐生活的N种方式

被迫站到了医生面前，对在自己身上即将实施的诊疗方案以及手术、化疗等的讨论，她的内心充满了排斥与矛盾。在一番痛苦的权衡后，她毅然拒绝了医生的提议。她以坚定的口吻表明了自己的立场："我已是90岁高龄，不愿再承受那样的痛苦折磨。现在，是时候去实现我一直以来的梦想，去亲眼看看这个广阔的世界了！"

把剩下的时间都用来看看世果，她的坚决也让儿子从最初的反对，到逐渐理解并支持。一家人、一只狗、一辆房车，开启了彻底放飞自我的旅程。

坐热气球，喝酒吃美食，买新衣服。诺玛一家行驶了1.3万英里，走过全美32个州，去了15个国家公园，足迹遍布美国各个角落。他们甚至还去了挪威，到过中国。尝试玩各种没玩过的东西，品尝各类美食、美酒，结交新朋友，不论老幼。

在旅途中，原本性格保守且腼腆的诺玛，逐渐蜕变成了一位尽情享受当下生活的达人。她摒弃了过往那些"仅仅幻想一下，如果……那该有多好"的念头，而是将这些憧憬化为实际行动。每一天，她都沉浸在各种新鲜的体验之中，尽情享受着人生中的无数个"首次"。

四、安乐坊

尽管这位身高仅一米五、体重不足百斤的老人已至暮年,但她却像孩子一样无忧无虑,快乐无比。

儿子和儿媳把诺玛旅游时的照片和90岁之前的进行对比,发现之前的照片中没有一张有笑容,就把这些变化和经历放在博客、脸书上与大家分享。没想到诺玛的乐观生活态度、开怀大笑和幽默搞怪吸引了全世界成千上万的粉丝。网友们纷纷写信表示,诺玛的故事改变了自己,或帮助家人修复了家庭关系,或帮自己和家人走出了亲人离世的悲痛,或使他们走出了对病魔的绝望心态。

诺玛,一位历经风霜的老人,她的一生见证了无数的挑战与磨难。然而,在她90岁那年,面对丈夫的离世和自己身患癌症的沉重打击,她并没有选择沉沦或绝望,而是以一种前所未有的勇气和决心,去追求她内心深处真正渴望的生活。她的"觉醒"是一个令人鼓舞和激励的故事。她告诉我们,哪怕是到了生命的尽头,照样可以追求自己的梦想,照样可以体验各种新鲜事物,享受人生的每一个瞬间。这种积极向上的生活态度,不仅让她在生命的最后阶段焕发了新的活力,也净化了无数人的心灵。

53

七死一生

在上海这座繁华都市的车水马龙间，有一个名叫温若有的男人。曾经，他每日穿梭于建筑工地之间，经营建筑材料生意，用自己的双手与汗水，为家人筑起了一道幸福的港湾。家中有贤惠的妻子精心操持，女儿乖巧好学，那是一幅充满温馨与欢笑的生活画卷。

然而，命运的轨迹却在2004年悄然转向。这一年，温若有60岁，本应是尽享天伦之乐的年纪，却被肝癌晚期的诊断书无情地拖入了黑暗的深渊。曾经，他的生活目标简单而纯粹，一心只为赚钱，让家人过上更为优渥的生活；可从那刻起，他的世界里便只剩下了与"死神"的殊死搏斗。肝癌，那令人闻风丧胆的"癌症之王"，如恶魔般潜伏在他的身体里，随时准备将他拖入无尽的

四、安乐坊

黑暗。手术过后的数年里，命运的暴风雨一次次肆虐，胃底部静脉曲张破裂，让他多次大口吐血，每一次都命悬一线。医生手中那一张张病危通知书，如同死神的战书，七次宣告生命的垂危，让他和家人的世界被悲痛与绝望笼罩。

2004年11月，手术的冰冷器械第一次切入他的身体，住院的日子漫长而煎熬；次年2月复查，肿瘤复发的消息如晴天霹雳，他再次被收治入院；2006年12月，呕血不止，肝硬化门静脉高压、食管下段胃底部静脉曲张破裂出血，这些可怕的病症如恶魔的利爪，一次次将他逼至绝境；2007年至2009年，反复出血的噩梦如影随形，他成了急诊室的常客；2011年11月，肝癌复发的阴影再度笼罩；2016年7月，原发性肝癌术后复发的消息如重锤砸心。那一本本厚厚的治疗记录本，每一页都写满了痛苦与挣扎，每一笔都记录着他对生的渴望和对命运的不屈。

在这条布满荆棘的抗癌路上，妻子宛如一盏明灯，照亮了他前行的道路。患病之初，医生的话语如冰冷的寒风，吹灭了希望的火苗。医生告知病情严重，救治

潮爷潮奶：打开老年安乐生活的N种方式

成功的希望渺茫，即便倾家荡产，也可能功亏一篑。彼时，女儿学业未成，家中生意因他的病停滞不前。然而，妻子的眼神中却从未有过一丝退缩，她毅然低价抛售房产——那是他们曾经的爱巢，承载着无数美好的回忆。可她心中只有一个坚定的信念：救丈夫！她如一位坚强的战士，在病房内外奔波忙碌，打点一切。每一个艰难的日夜，她都紧紧握着丈夫的手，用爱与温暖给予他力量。正是这份不离不弃的坚守，一次又一次将温若有从死亡的边缘拉回。

"善待生命，善待医生。"医师节时，温若有在朋友圈写下这样的感悟。他深知，自己这条命是医生们从死神手中夺回的。每一次病危，都是医生们凭借精湛的医术和坚定的信念，让他起死回生。多年的看病经历，让他明白，在与病魔的战斗中，病人唯有相信医生、积极配合，才有可能赢得生机。那些道听途说的偏方秘方，不过是迷惑人心的幻影，只有科学的治疗才是希望的曙光。

或许是他的坚韧不拔感动了上苍，或许是医学的奇迹眷顾了他。近年来，温若有的病情逐渐缓和稳定。如

四、安乐坊

今，他每月去开药，半年复查一次，其余时间，他像其他健康老人一样，尽情享受着晚年生活。他会和家人一起漫步于公园，感受阳光的温暖；偶尔也会背上行囊，踏上旅途，用相机记录下祖国的大好河山。他爱上了摄影，那小小的镜头，成了他与世界对话的窗口。他拍摄街头巷尾的人间百态，拍摄大自然的壮美景色，每一张照片都倾注了他对生活的热爱。

"带着相机做公益"，温若有用镜头捕捉美好，用义拍传递温暖。在摄影公益活动中，他结识了许多志同道合的朋友，大家一起用影像为社会贡献力量。义卖捐款时，他感受到自己的付出能为他人带来帮助，那种老有所为的成就感，如同一束光，照亮了他的内心。他也会参加抗癌协会的活动，站在台上，他仿佛是一位无畏的勇士，分享着自己十几年的抗癌历程。他告诉每一位病友，癌症并不可怕，可怕的是失去战胜它的勇气。只要心态放宽，积极配合治疗，带瘤生存也能活出精彩人生。他的故事如同一首激昂的乐章，奏响了生命的最强音，激励着无数病友在抗癌路上奋勇前行。

从拥有幸福生活到被肝癌晚期阴影笼罩，温若有

潮爷潮奶：打开老年安乐生活的N种方式

多次面临生死危机，七次接到病危通知。病情稳定后的他，享受生活、投身公益，以亲身经历鼓励病友。这不仅是个人的抗癌奇迹，更彰显了生命的顽强不屈。它体现了亲情在困境中的伟大力量，妻子的不离不弃成为温若有战胜病魔的重要支撑。同时也凸显了医患之间信任与配合的关键意义，良好的医患关系是延续生命的有力保障。温若有的经历激励着人们，无论遭遇何种困境，都应积极乐观面对，相信希望的力量，在与命运的抗争中创造属于自己的奇迹，也为他人带去鼓舞与力量。

五、安乐死

——要有尊严地回归自然

54

荷兰人的首创

2002年4月1日,荷兰议会在前一年通过的"安乐死"合法法案正式生效,自此成为世界上首个允许安乐死的国家,一场持续了30年之久的激烈争论,就此缓缓落下帷幕。

荷兰的"安乐死"立法之路漫长而曲折。在此之前,民间安乐死行为已悄然施行30年。1993年,议会通过相关指导原则,为后续合法化进程奠定了基石。数据显示,仅1999年,就有2216人在这片土地上选择以安乐死的方式结束生命的旅程。

为确保这一沉重而又充满争议的选择不被滥用,荷兰构建了一套严谨的法律体系,医生成为这一体系的核心执行者。在安乐死准备阶段,医生肩负着沉甸甸的五

潮爷潮奶：打开老年安乐生活的N种方式

项法定义务，他们需如谨慎的工匠，细细核实病人的每一个意愿、每一份痛苦。从确认请求的自愿性与深思熟虑，到精准判断病情的绝望程度，再到坦诚相告病情真相，寻求同行的专业意见，每一步都充满了对生命的敬畏。实施阶段，医生必须严格遵循医学规范，无论是注射还是提供口服药物，都需在《安乐死实施指导细则》的框架内操作。而在安乐死完成后，医生必须向市政厅提交详尽报告，接受安乐死审查委员会的严格审查。

随着岁月的推移，荷兰安乐死人数逐年攀升，问题也层出不穷。2021年，全国安乐死死亡的人数达到7666人，占总死亡人数的4.5%，其中绝大多数是被病痛折磨的老人。人口老龄化与观念的开放，让安乐死从曾经的禁忌逐渐变得寻常。但与此同时，执行过程中的程序瑕疵也引发了外界的担忧。那些无法表达意愿的阿尔茨海默病患者、仅因行动受限就被实施安乐死的老人，他们的故事如一声声警钟，在人们心头敲响。荷兰最新修订的条例，正是对这些问题的回应，再次强调了自愿与病痛折磨的严格标准。

从社会影响来看，安乐死合法化引发了广泛而深刻的讨论。一方面，它体现了对个体自主权利的尊重。对于

五、安乐死

那些饱受病痛折磨、毫无康复希望且神志清醒自愿选择安乐死的患者而言，这给予了他们在生命尽头自主决定命运的机会，使他们能够有尊严地离开这个世界，避免了过度医疗带来的肉体痛苦和精神折磨，也减轻了家庭在经济和精神上的沉重负担。另一方面，它也给社会带来了诸多挑战。在道德伦理层面，生命的神圣性与个体选择权利之间的平衡始终是一个复杂的难题，引发了不同价值观之间的激烈碰撞。在法律执行层面，如何确保每一个安乐死案例都严格符合标准，避免出现误判、滥用等情况，对监管体系提出了极高的要求。同时，安乐死的普及化趋势可能会在一定程度上影响社会对生命的态度，引发人们对生命价值的重新审视，甚至可能导致部分人对生命的轻视。荷兰安乐死合法化的历程，如同一面镜子，映照出生命、伦理与法律的复杂交织。它让我们思考，在生命的尽头，如何在尊重个体意愿与守护生命尊严之间找到平衡；如何确保每一个选择都经过了审慎的考量，而非草率的决定；如何在法律的框架内，给予那些在病痛深渊中挣扎的人们真正的解脱与安宁。这不仅是荷兰人需要持续探索的课题，也是全人类在面对生命终章时必须直面的深刻命题。

55

韩国人的态度

韩国人死亡观念的演进宛如一场深刻的思想变革。1997年，波拉美医院案如一颗石子投入平静的湖面，激起了千层浪，尊严死的话题开始在民间悄然蔓延，成为人们茶余饭后热议的焦点。它不仅是对死亡方式的探讨，更被视为一项基本人权的彰显，是对生命权在另一个维度上的尊重与敬畏。

2008年，延世大学附属医院案再次将这一话题推上风口浪尖。韩国大法院在此次判决中开创性地规定了中断延命治疗的一般要件，尽管尊严死尚未正式立法，但这一司法实践无疑是一座里程碑，承认了尊严死在法理上的合法合理地位。它如一道曙光，穿透了传统观念的重重迷雾，不仅推动了尊严死判例法的逐步发展，更为

五、安乐死

日后尊严死制度的确立夯实了根基，铺就了一条充满希望的道路。

在漫长的争辩与讨论中，韩国民众不断思索、沉淀，积累了丰硕的理论成果。上述两大案例吸引着社会舆论的目光，持续推动着韩国社会对尊严死的深入探究。民众逐渐挣脱传统死亡文化的枷锁，以更加开放和理性的态度去接纳尊严死的理念，为尊严死制度的诞生营造了日益成熟的理论与社会环境。

终于，在2018年2月1日，《维持生命医疗决定法》（《尊严死法》）应运而生，标志着韩国在尊严死立法的道路上迈出了具有决定性意义的一步。这部法律犹如一把保护伞，赋予了临终患者自主抉择命运的权利，让他们能够在生命的尽头，依据自己的意愿决定是否继续接受维持生命的医疗。法律详细规定了延命治疗中断的条件与程序，主治医师与专家需从医学专业角度精准判断患者是否处于临终且治愈无望的状态，而患者则需通过填写"事前维持生命医疗意向书"和"维持生命医疗计划书"来明确表达自己的意愿。年满19岁的成年人，无论健康与否，均可提前规划自己的生命终章，为未来可能面临的抉择留下庄重的声明。

　　自该法实施以来，已有超过百万的韩国民众勇敢地表达了自己的态度，他们提前拒绝了那些在临终阶段可能只是徒增痛苦而并无实际治疗效果的延命治疗手段。这一现象背后，是民众对生命质量和尊严的深刻思考与追求。

　　然而，韩国社会对尊严死的探索并未止步于此。随着"体面死亡"的呼声日益高涨，《尊严死亡援助法案》被提上议程。这部法案将协助尊严死定义为在特定条件下，由主治医生帮助经受无法忍受痛苦且无恢复可能的疾病晚期患者依据其本人意愿结束生命的行为，并设立了严格的审查机制，由医疗和伦理专家组成的委员会负责把关，确保这一沉重的选择不被滥用。一项民意调查显示，高达82%的受访者对该法案表示赞成，其中60岁以上人群赞成率更是高达86%。赞成者认为这是对生命自主决定权的有力保障，是实现体面死亡、减轻家庭痛苦负担的重要途径。然而，反对者也提出了深沉的担忧，如尊重生命的至高无上性、可能存在的虐待与滥用风险以及对自决权边界的争议等。

五、安乐死

　　韩国在尊严死立法的道路上不断前行，每一步都充满了挑战与希望。这一历程不仅是法律制度的变革，更是整个社会对生命、死亡和人性尊严的深度反思。它让民众思考，在生命的尽头，如何在尊重生命神圣性的同时，最大限度地保障个体的自主权利；如何在医疗技术不断进步的今天，平衡延长生命与维护生命质量的关系；如何构建一个既充满人文关怀又严谨规范的制度体系，以应对这一复杂而又敏感的社会议题。韩国的探索之路，犹如一面镜子，映照出全人类在面对生命终章时共同的困惑与追求，促使我们每一个人都去审视自己的生死观，去思考如何在有限的生命里，活得有尊严，死得亦有尊严。

56
澳洲人的贡献

1995年6月16日,澳大利亚北部地区议会勇敢地迈出了历史性的一步,通过了世界上第一部"安乐死法"——《晚期病人权利法》。它批准在符合特定严苛条件下实施安乐死,给予那些饱受病痛折磨、生命已步入尽头且毫无康复希望的晚期病人一种选择解脱的可能。然而,这一开创性的举措并非一帆风顺,它遭遇了当地医学会的强烈反对,如同汹涌波涛中的一叶扁舟,在争议的海洋中艰难前行。尽管如此,它依然在次年7月1日正式生效,成为澳大利亚安乐死合法化进程中的一座里程碑。但仅仅9个月后,澳大利亚参议院却做出了废除该法案的决定,安乐死瞬间在这片土地上再次沦为非法行为。此后的20多年间,类似的法案共计被正式提议

五、安乐死

28次，然而每一次都被无情否决。

直到2019年6月19日，曙光再次降临。澳大利亚维多利亚州的安乐死法案正式生效。维州政府公开发布的厅长顾问委员会出具的安乐死法案相关建议最终报告，为临终病人提供了选择死亡权利的法律依据基本框架。这份报告精心设计了一套极为严格的自愿辅助死亡机制，堪称世界上最保守的安乐死机制之一。它明确规定了适用人群仅限于18岁以上心智和决策能力健全的病人，这些病人还必须患有不可治愈的疾病，且病情严重到可能在数周或数月内夺走他们的生命。为了确保每一个决定都经过深思熟虑，病人被要求提交三次安乐死申请，且第一次和第三次申请之间至少要等待10天，也就是在生与死的抉择之间设置了一道慎重的关卡。唯有在病人生命垂危、可能在10天内死亡的特殊紧急情况下，才会放宽这一限制条件。同时，患有精神疾病或仅是身体有缺陷的病人被排除在申请资格之外，除非他们能够确凿证明他们还患有另一种符合申请资格的疾病，这一系列严格的规定，无不体现出澳大利亚在安乐死立法道路上的谨慎与敬畏。

潮爷潮奶：打开老年安乐生活的N种方式

在维多利亚州的引领下，西澳大利亚州、南澳大利亚州和塔斯马尼亚州陆续踏上了安乐死合法化的征程，它们以各自的方式完善和推动着这一进程，让安乐死合法化的浪潮在澳大利亚逐渐蔓延开来。直到2022年5月，新南威尔士州也通过了安乐死法，至此，澳大利亚全境实现了安乐死合法化。这一路走来，历经无数风雨，每一个阶段都凝聚着无数人的努力与心血，也见证了社会观念在痛苦与挣扎中的艰难转变。

而在这一艰难进程的背后，有一个身影始终坚定地站在安乐死倡导的前沿，他就是澳大利亚医生尼施克。这位被称为"死亡博士"的勇敢先驱，为了帮助晚期疾病患者有尊严地结束生命，奉献了自己几十年的光阴。早在20多年前，他便怀揣着这一理想，毅然创立了Exit国际组织，全力以赴地倡导安乐死和有尊严地死去。他的探索之路从未停歇，最初他选择了致命的针剂注射方式，而后经过不懈的努力与创新，他设计出了令人注目的"安乐死胶囊舱"。这一创新发明，为那些渴望解脱的患者照亮了一条通往尊严终点的新道路。与传统的在临终关怀诊所由医生注射药物的方式相比，"安乐死胶囊

五、安乐死

舱"给予了使用者更多的"自由"与自主选择空间。使用者只需平静地躺进这个小小的胶囊舱里,如同踏上一段宁静的旅程,然后回答一个在线问卷,便可获取启动设备的安全码。这个安全码的有效时间长达24小时,使用者可以根据自己的意愿,选择在拿到代码的瞬间便开启死亡之旅,也可以在生命的最后时光里,静静等待,度过最后一天后再从容离开。当使用者躺在胶囊舱内,准备与这个世界做最后的告别时,还可以根据自己的心境选择"透明模式"或"暗模式"。"透明模式"仿佛是一扇通向世界的窗户,使用者可以透过它与周围的环境进行最后的互动,尤其是当他们选择将整个设备带到自己最心爱的地方时,能够在熟悉而美好的环境中安然离去;而"暗模式"则像是一道隔绝尘世的帷幕,为那些希望独自安静离开、不想再受任何外界干扰的使用者提供了一片宁静的港湾。一切准备就绪后,使用者只需轻轻按下舱内的一个按钮,设备下部储存的氮气便会迅速经由通道涌入胶囊舱,短短30秒内,舱内的氧气浓度就会从原本的21%急剧下降到1%,二氧化碳含量也会同时降低,使用者将在毫无痛苦、极度舒适的状态下,平

潮爷潮奶：打开老年安乐生活的N种方式

静而迅速地结束自己的生命旅程。"安乐死胶囊舱"备受推崇的原因，不仅在于它能够给予患者一种尊严的死亡方式，更在于其死亡过程的短暂与操作的简便，对于那些在病痛深渊中苦苦挣扎、渴望解脱的人们来说，这无疑是一种最佳的选择，仿佛是命运在最后时刻给予他们的一份温柔慰藉。

澳大利亚安乐死合法化的曲折历程以及尼施克医生的创新探索，犹如一面镜子，映照出人类在面对生命终点时的复杂情感与深刻思考：生命的尊严究竟该如何定义？在医疗技术日益发达的今天，我们该如何在尊重生命与减轻患者痛苦之间找到平衡？安乐死合法化是对生命的尊重还是对生命的放弃？这些问题如同深邃的宇宙谜题，萦绕在每一个人的心头，引发着人们无尽的反思与探讨。或许，澳大利亚的故事只是一个开端，它将激励全世界更多的人去勇敢地面对这些难题，去探索更加人性化、更加尊重生命尊严的医疗伦理之路。

57

美国人的坚持

在19世纪末20世纪初的美国,进步主义改革的浪潮汹涌澎湃,席卷了社会的各个角落。安乐死,这个关乎生命终结的深刻议题,迅速成为社会革新舞台上备受瞩目的焦点之一,美国安乐死运动就此应运而生,踏上了一条充满曲折与挑战的漫长征程。

20世纪30年代,美国安乐死协会的建立,成为安乐死运动发展的里程碑,它标志着这场运动开始有了组织性的推动力量,犹如一艘扬起风帆的航船,试图在未知的海域中探索前行。然而,命运的波澜总是难以预测。20世纪四五十年代,纳粹以"安乐死"之名犯下的暴行,如同一股凛冽的寒风,给美国安乐死运动带来了前所未有的冲击。那是一段黑暗的历史,纳粹所谓的

潮爷潮奶：打开老年安乐生活的N种方式

"安乐死"实则是对生命的践踏，这使得美国社会对安乐死的讨论陷入了深深的恐惧与警惕之中。

20世纪六七十年代，美国安乐死运动宛如浴火重生的凤凰，迎来了新的发展时期。1974年，美国安乐死协会正式更名为死亡权利协会，这一名称的转变，不仅仅是简单的更名，更是在指导思想上的一次深刻变革。在这一理念的引领下，越来越多的人开始关注并加入这场运动中，协会会员人数迅速增长，从成立之初的寥寥200多人，激增到1975年的约7万人。这一时期的运动，如同春天里茁壮成长的幼苗，充满了生机与活力，人们对生命终结方式的思考也在不断深入。

到了20世纪80年代，美国社会在对"死亡权利"（消极安乐死）的认知上，逐渐达成了三点基本共识：根据公民的自主权和自决权，有自主意识的成年人有权拒绝医院的治疗，即便这一选择可能会导致死亡；对于丧失判断能力的病人，其家人有权做出维持或撤除治疗的决定；社会明确区分拒绝治疗导致的死亡与采取其他措施加速病人死亡这两种不同情况，这一区分体现了对生命权的细致思考和对不同情境的尊重，是美国社会在

五、安乐死

安乐死认知道路上的重要一步。

20世纪90年代，美国安乐死运动进入了一个全新的阶段。倡导晚期病人有"尊严死亡"权利（积极安乐死）的呼声日益高涨，这一阶段的运动以医生协助晚期病人自杀合法化为奋斗目标。他们以创制立法倡议案和公民投票表决为斗争策略，积极地在各个层面做出努力。在安乐死运动激进派的鼓动下，以及在华盛顿州和加利福尼亚州的多次立法尝试后，终于在俄勒冈州实现了医生协助晚期病人自杀合法化的突破。这一成果给无数饱受病痛折磨的晚期病人带来了新的希望，也为美国安乐死运动注入了强大的动力。

然而，道路从来都不是一帆风顺的。1998年，一位美国医生帮助病人完成安乐死的事件，如同一场突如其来的风暴，打破了平静。医生将这一过程拍摄记录下来，并在哥伦比亚广播公司新闻节目中播放，这一举动瞬间在全国引起了轰动。但令人意想不到的是，一年之后，这位医生却因二级谋杀罪名被判入狱15年。这一事件如同一颗重磅炸弹，在社会上引发了激烈的争论。1999年10月27日，美国众议院通过法律，严厉打击使用管制麻醉药帮助安乐死的医生。这一系列事件，让安乐死运动再次陷入了困境。

加利福尼亚州的安乐死合法化进程，更是充满了艰辛与波折。自1992年起，加州就试图踏上这条艰难的道路，然而提案当年就被选民投票否决。此后的2005年和2007年，两次立法尝试均以失败告终。但加州的安乐死支持者们并没有放弃，终于在2015年，他们再次重启提案，并成功获得了众议院和参议院的通过。当地安乐死支持者坚信，这项法律赋予了患者选择的权利，让那些在病痛深渊中挣扎的患者可以自主决定何时、如何结束自己的生命，以一种有尊严的方式离开这个世界。他们认为，这是对生命权的尊重，是在现代社会价值观下对患者自主权的认可。然而，反对者也发出了强烈的声音。他们批评说，安乐死等同于选择自杀，这与上帝的意志背道而驰，是对生命价值的贬低。他们担心，一旦安乐死合法化，可能会导致一些患者过早地选择结束自己的生命，从而引发一系列难以预料的社会问题。

2015年10月5日，加州州长杰瑞·布朗签署法律，规定由两名注册医生诊断生命不足6个月的末期病患，在提出申请后可获得医生处方药物选择服药死亡。2016年

五、安乐死

1月1日,这项法律正式生效。加州也因此成为继俄勒冈、佛蒙特、华盛顿、蒙大拿等之后美国第五个安乐死合法化的地方。这一成果的取得,是无数支持者多年努力的结晶,它是美国在安乐死合法化进程中的又一个里程碑。

  2016年8月10日,在加州这片充满故事的土地上,发生了一件令人动容的事情。一位名叫戴维斯的女子,因患肌萎缩侧索硬化(也称渐冻症),选择了安乐死。戴维斯是一名画家和表演艺术家,她曾经充满活力,用画笔描绘世界的美好,用表演传递情感的力量。然而,三年前的那场病痛发作,如同一场无情的灾难,逐渐剥夺了她控制肌肉和身体的能力。她从能够自由行动、挥洒才华,到口齿不清,不能站立,甚至连最基本的刷牙或挠痒都无法做到,最后只能依靠轮椅和看护人员的帮助维持生活。在生命的最后时光里,戴维斯做出了一个勇敢而令人敬佩的决定。她邀请了30多位亲友为自己送行,那是一场充满爱与温暖的聚会。人们在一起愉快地聊天、唱歌、跳舞、拍照、看电影、演奏乐器,享用着鸡尾酒和比萨,高高兴兴地度过了两天难忘的时光。戴维斯还为每一位客人精心选择了合适的服装,举办了一

潮爷潮奶：打开老年安乐生活的N种方式

场特别的走秀，然后与他们一一深情吻别。傍晚时分，戴维斯服下了处方药，在自家附近风景如画的山边，最后一次静静地欣赏日落。1小时后，她陷入了昏迷，4小时后，她平静地离开了人世。在她生命的最后旅程中，她的妹妹、看护、医生和按摩师全程陪伴在她身边，给予她无尽的关爱与支持。出席者们还相约在戴维斯来年生日那天再次聚首，一同安放她的骨灰，这一约定仿佛是她生命的延续，也是对她勇敢选择的尊重与纪念。

戴维斯的故事，如同一首感人至深的生命之歌，它让我们深刻地感受到了生命的脆弱与顽强，也让我们重新思考安乐死的意义与价值。美国安乐死运动的发展历程，充满了起伏与波折，它是社会观念碰撞、伦理道德争议、法律制度探索的综合体现。这一历程不仅关乎那些面临生命终结选择的患者，也触动着每一个人对生命、死亡和尊严的深刻感悟。它让我们思考，在现代社会中，如何在尊重生命的神圣性与保障个体自主权之间找到平衡；如何在医学进步的同时，关注患者在生命末期的痛苦与尊严；如何构建一个合理、公正、充满人文关怀的法律和社会环境，来应对这一复杂而又敏感的议题。

58

中国人的探索

1986年，陕西汉中发生了中国首例安乐死案件。蒲连升医生在患者儿女的苦苦哀求下，怀着复杂而悲悯的心情，为那位被绝症折磨得不成人形的患者实施了安乐死。随后，冰冷的手铐锁住了他的双手，那漫长的牢狱之灾，如同黑暗的深渊，吞噬了他的平静生活。蒲医生最终虽被无罪释放，可这一事件却像一道深深的伤痕，刻在了社会的良知之上，也让人们清楚地看到，安乐死在中国，就像一艘迷失在暴风雨中的孤舟，找不到合法的港湾，蒲医生的无罪不过是在法律的缝隙中侥幸生存，而非真正被法律所接纳。

在这起令人痛心的案件中，王明成的遭遇更是让人唏嘘不已。他眼睁睁看着母亲夏素文被肝硬化晚期的病

潮爷潮奶：打开老年安乐生活的N种方式

痛无情地折磨，母亲那腹胀如鼓、腹水泛滥的身体，每一次痛苦的呻吟都如同一把利刃，割扯着他的心。在无数次的内心挣扎后，他选择了向主治医生蒲连升下跪，那是一种对母亲深深的爱与无奈的极致表达。蒲连升，这位医者，在职业道德与人性悲悯之间艰难徘徊，最终被王明成的孝心所打动，他颤抖着双手，开出了那充满争议的药物注射处方，送夏素文走向了生命的尽头。然而，命运却在此刻发生了残酷的转折。三个月后，金钱的诱惑蒙蔽了王明成两个姐姐的双眼，她们全然不顾弟弟的孝心和母亲曾经遭受的痛苦，一纸诉状将蒲连升告上法庭，声称其故意杀人。王明成和妹妹也未能幸免，一同被卷入这场荒谬的官司。法庭上，真相与亲情、法律与道德相互交织，碰撞出令人心碎的火花。最终，他们虽被宣布无罪，但那曾经和睦的家庭却已支离破碎，再也无法拼凑完整。这一事件，犹如一面镜子，清晰地映照出在安乐死问题上，"病人自身同意是不是本人真实意愿表达"，在法律的天平上，是一个难以称量的难题，它极易引发家庭内部的矛盾纷争，也让法律的判定举步维艰。

五、安乐死

　　同样令人揪心的还有老太冷某的故事。一位被病痛长期囚禁在躯壳中的老人，生活对她而言早已失去了色彩，只剩下无尽的痛苦。她苦苦哀求家人，希望能得到解脱的毒药。女婿怀着复杂的心情，买来那致命的老鼠药；丈夫颤抖着双手，将药递到她的面前；女儿女婿泪流满面，却只能眼睁睁看着她吞下那苦涩的希望。他们的行为，从人性的角度看，是对老人痛苦的不忍，是一种"扭曲"的孝顺；但从法律的框架审视，却是不折不扣的违法行为。这一案例，像一把锐利的手术刀，精准地剖析出如果安乐死合法化，将会面临多么复杂的局面。在现实生活的重压下，老人可能会因为不想成为家庭的经济负担，或者家属可能会出于摆脱照顾累赘的私心，而轻易地选择安乐死。那时，我们将如何判断这是否真正出于患者本人内心深处最真实、最自愿的想法呢？这仿佛是一个无解的谜题，横亘在安乐死合法化的道路上。

　　与此同时，现实生活中的种种现象也为安乐死合法化的讨论增添了更多的复杂性。在医院的病房里，我们常常能看到这样的场景：绝症患者的家属们，尽管满脸

潮爷潮奶：打开老年安乐生活的N种方式

疲惫，却依然紧紧握着患者的手，眼中闪烁着坚定的光芒。他们倾家荡产，四处求医，只为了那一丝渺茫的希望。因为在中国的传统文化中，生命是无比珍贵的，"好死不如赖活着"的观念根深蒂固。人们相信，只要人还活着，就有奇迹发生的可能。而且，人类在医学的道路上不断探索前行，每一次新的发现都可能成为绝症患者的救命稻草。那些曾经被视为不治之症的疾病，如肺结核、天花等，如今都已被攻克。谁能断言，今天的绝症在未来不会成为可治愈的小病呢？所以，很多患者和家属即使面对重重困难，也不愿轻易放弃生命，不愿选择安乐死。

  这些充满争议的案件，如同燃烧的导火索，迅速引爆了一场涉及社会各界的激烈大讨论。反对者如汹涌澎湃的海浪，他们的声音高亢而激昂。他们坚定地认为，医务人员是生命的守护者，那神圣的救死扶伤职责高悬于头顶，不容侵犯。安乐死，在他们眼中，是对生命至高无上权利的亵渎，是一种违背人道的变相谋杀。他们担忧，一旦安乐死合法化，那扇通往死亡的大门将会被别有用心之人悄悄打开，成为他们谋取私利、逃避责任

五、安乐死

的捷径。医学的进步之路也将因此布满荆棘，医生们可能会在安乐死的诱惑下，放弃对绝症的深入研究，从而剥夺患者那可能出现的一线生机。

而赞成者则如潺潺流淌的清泉，他们的话语中充满了对生命的深刻理解与同情。他们轻声诉说着，人，作为生命的主体，在生命的最后阶段，应有权利选择有尊严地离开。对于那些被绝症无情地判了死刑，每日在痛苦的深渊中挣扎的患者而言，安乐死就像黑暗中的一盏明灯，是通往解脱的理想之门。它不仅是对生命权的尊重，更是对生命质量的追求。当生命只剩下无尽的折磨时，结束这种痛苦，难道不是一种仁慈吗？它能让患者摆脱那如影随形的剧痛，也能让家属们从沉重的精神压力和经济负担中解脱出来。那些昂贵的进口药物、漫长的住院治疗，就像一个个无底的黑洞，吞噬着家庭的财富和希望。安乐死的实施，能够避免医疗资源在无意义的延长生命中被白白浪费，使这些资源能够流向更需要的地方，发挥更大的价值。

在这场激烈的争论中，众多有识之士挺身而出，他们将目光投向了全国两会这个汇聚民声、共商国是的

潮爷潮奶：打开老年安乐生活的N种方式

大舞台。自1988年七届全国人大一次会议首次提及安乐死议题以来，这个话题就像一颗顽强的种子，在岁月的滋养下，生根发芽，茁壮成长。近年来，它的呼声越发强烈。政协的调查数据如同一束明亮的光，照亮了人们内心的倾向：高比例的赞成率，仿佛在向社会诉说着民众对安乐死合法化的热切期待。上海、北京等地的问卷调查结果，也如同一面面旗帜，高高飘扬在支持安乐死合法化的阵营之上。人大代表们更是积极担当起民众的代言人，他们深入调研，精心撰写提案，建议将安乐死写入《中华人民共和国民法典》（人格权编）。他们希望通过法律的力量，为安乐死构建一个坚固而公正的框架，确保每一个生命在走向终点时，都能在严格的审核机制下，真正按照自己的意愿，自主地决定是否选择安乐死，不受外界任何因素的干扰和胁迫。同时，对于那些企图利用安乐死谋取私利、违反法律和伦理道德的行为，应予以严厉的惩处，绝不姑息。

中国对安乐死的探索之路，就像一条蜿蜒曲折的长河，充满了湍急的旋涡和未知的险滩。每一个案例、每一场讨论、每一个建议，都像是长河中的一朵朵浪花，

五、安乐死

它们相互碰撞、融合，奏响了一曲关于生命、伦理、法律和社会的交响乐。这曲交响乐，让我们陷入了深深的思索：在生命的尽头，那神圣的生命与个体渴望解脱的灵魂，究竟该如何和谐共处？我们该如何用智慧和爱心，编织出一个既能紧紧守护生命尊严，又能温柔地拥抱那些在痛苦中挣扎的灵魂的安乐死制度呢？

59

优雅赴约

在岁月的长河中,有这样一位老人,她以知识为舟,以信念为帆,穿越了时代的风雨,书写了一段不凡的人生篇章。她,就是北京一〇一中学的退休教师陈司寇。

1921年,那是一个兵荒马乱、民不聊生的年代,陈司寇却如同一朵在逆境中顽强绽放的花朵,降临于世。她自小便深知知识的力量,坚信唯有通过努力学习,才能改变自己和家庭的命运。于是,她以坚韧不拔的意志,克服了重重困难,最终以优异的成绩考入北京大学教育系,开启了人生的新篇章。

在北京大学这座孕育智慧与梦想的学术殿堂,陈司寇不仅汲取了丰富的知识养分,还邂逅了生命中的灵魂伴侣——赵宝煦。赵宝煦,这位在中国政治学领域留下

五、安乐死

深刻烙印的先驱者,与陈司寇共享着坚定的信念与高远的人生目标。他们在知识的海洋中相遇、相知,继而深情相爱,最终携手步入了婚姻的神圣殿堂,共同迎接了三个可爱子女的到来。在那风雨飘摇、时代变革的动荡岁月里,他们彼此依靠,携手并肩,矢志不渝地致力于培养国家的未来栋梁,为民族的复兴播撒着希望的种子。

2012年,赵宝煦因病辞世,留下陈司寇老人孤独地守候着曾经的温馨家园。子女们满心忧虑,频繁归家探望,这份孝心如同温暖的阳光,却也成了母亲心中的"甜蜜负担"。陈司寇深知,内心的独立与自由才是她真正的渴望,而非他人的时刻相伴与照料。因此,她坚决地谢绝了与保姆共处的提议,仅聘请了一位每周上门打扫两次的小时工。她坚持自理,将每日的生活安排得井井有条,沉浸在读书、看报、观赏电视节目、悠然散步与细致家务之中,她的日子既忙碌又充实,始终保持着那份从容不迫的生活节奏。

2014年,当93岁的陈司寇在例行体检中得知左肾上竟悄然生长出一个肿瘤时,她并未陷入恐慌与无助。

潮爷潮奶：打开老年安乐生活的N种方式

相反，她以一种超乎寻常的冷静与坚决，婉拒了医生与家属提出的尽快手术的建议。她深知，岁月已在她身上刻下了深深的痕迹，谁也无法预料手术后的未知风险。她更愿意以一种充满尊严与高质量的方式，优雅地走过人生的最后阶段。即便生命的烛火可能随时熄灭，她也要确保每一天都活得精彩纷呈，不留遗憾。

当生命的终点悄然逼近时，陈老师感到了前所未有的焦虑。她一生骄傲，不愿在生命的最后阶段过上没有质量的生活。她想要走得更快一点，以减少自己的痛苦，也避免给亲属带来更多的负担。然而，我国的法律并不允许安乐死，这让她的愿望无法实现。于是，她决定以自己的方式结束生命。

2017年10月17日，96岁的陈老师将自己整理得干干净净，然后开始了断食。在生命的最后几天里，她始终保持着平静和从容，仿佛在用一种特殊的方式与这个世界告别。21日下午5点多钟，老人安详离世，她的脸上没有一丝痛苦和遗憾，只有对生命的释然和对未来的期许。

陈司寇老人的一生，是一个充满智慧和勇气的传

五、安乐死

奇,她为人们呈现的深刻而珍贵的"最后一课",教诲我们如何坦然面对老年、疾病与死亡。她告诉我们,生命诚然有限,但如何走完这段既定旅程,每个人都可以拥有自己的抉择。有人或许会选择顽强抗争与不舍留恋,有人或许会倾向于平静守候与顺其自然,还有人则会倾向于加速生命的终结,以此减轻自身痛苦与亲人负担。不论当事人作何抉择,哪怕是子女,我们也应怀揣一颗尊重之心,不去肆意干涉他人对自己临终时刻的安排,避免采取不必要的甚至带来痛苦的过度医疗手段。因为,尊重,正是最深切的孝道体现。

60
尊严谢幕

傅达仁，这个名字对于许多人来说并不陌生。他是台湾知名的体育主播，曾是台视的标志性人物，以解说NBA赛事而声名远扬。他的人生在晚年却遭遇了前所未有的挑战——胰脏癌的侵袭。在与病魔斗争的过程中，傅达仁不仅展现出了顽强的生命力，更以一种超乎常人的勇气和智慧，诠释了何谓有尊严的离去。

傅达仁生于1933年，其父傅忠贵是原国民党鲁北游击军司令，傅忠贵在对日作战中英勇牺牲，被追授少将军衔。母亲也因劳累过度离世，傅达仁在年幼时便经历了生活的艰辛。然而，这些并未将他击垮，反而激发了他对生活的热爱和对未来的渴望。在宋美龄开设的"遗族学校"度过了一段安稳岁月后，傅达仁于1949年随部

五、安乐死

队迁往台湾,开始了他的篮球生涯。退役后,他凭借着扎实的体育专业知识和风趣幽默的解说风格,成功转型为体育解说界的明星,活跃于各类体育赛事的舞台,还涉足综艺节目,与沈春华携手主持的《大家乐》更是荣获金钟奖优良综艺节目奖。1991年,他登上中央电视台春节联欢晚会的舞台,从此被大陆观众所熟知。

傅达仁命运的轨迹在2016年发生了急剧转折——他被确诊患有胰腺癌,这种癌症犹如死神的使者,号称"癌症之王",患者的存活期通常极为短暂,多数人在确诊后的两年内便会被病魔夺去生命。患病后的傅达仁,身体每况愈下,曾经强壮魁梧的身躯逐渐消瘦,体重锐减至94斤。他形容每次吞咽食物就如同咽下碎玻璃碴一般痛苦难忍,每一次呼吸都好似有无数根针在刺痛着身体。但即便深陷如此巨大的痛苦之中,他对生活的热爱以及对尊严的执着追求从未熄灭。

随着病情不断恶化,傅达仁深知现代医学已无力回天,继续治疗只会让自己的身体遭受更多折磨,也会给家人带来越发沉重的负担和无尽的痛苦。于是,他决定前往瑞士执行安乐死。这一决定并非仓促之举,而是经

潮爷潮奶：打开老年安乐生活的N种方式

过长时间深思熟虑后的艰难抉择。起初，他的儿子坚决反对。在儿子心中，只要尚存一丝希望，就绝不应放弃任何可能治愈的机会，他渴望父亲能够战胜病魔，继续陪伴在家人身边。然而，傅达仁的身体状况日益衰弱，他不断与家人沟通，表达自己内心的真实想法。他希望以一种相对平静、没有痛苦的方式告别这个世界，让家人能够早日从悲痛中走出来，重新追寻属于自己的幸福。最终，他的坚持和真诚打动了家人，家人决定尊重他的意愿，陪他一同前往瑞士，详细了解安乐死的每一个环节。

2018年6月2日，傅达仁一家踏上了前往瑞士的旅程。6日，他通过网络上传了两段总计124秒的深情独白，向所有的亲人、朋友以及粉丝郑重道别。画面中的他，眼神中透露出一种历经沧桑后的平静与从容，那是对生命的释然，也是对即将到来的告别时刻的坦然接受。7日，在瑞士尊严机构那宁静而庄重的房间里，傅达仁平静地端起那杯象征着解脱的药水，缓缓喝下四口，随后轻轻地倒在儿子的怀中。那一刻，他的嘴角微微上扬，脸上浮现出一抹淡淡的微笑，用尽最后一丝力

五、安乐死

气说出了："不疼。"他仿佛在那一刻挣脱了病痛的枷锁，灵魂回归到年轻时那个充满活力、意气风发的自己，那个在体育赛场上激情呐喊、在荧幕前谈笑风生的自己。就这样，他以一种最为优雅、最具尊严的方式，为自己的生命画上了一个圆满的句号。

他的故事让我们明白，无论身处何种艰难困境，我们都应始终如一地保持对生活的热爱，永不放弃对尊严的捍卫。即便身患绝症、生命垂危，也要有勇气直面死亡，坦然接受命运的安排。他的选择清晰地向我们昭示，生命的长度固然重要，但生命的质量才是其核心价值所在。更为关键的是，我们必须尊重每一位老年人的选择和意愿。在生命的最后阶段，他们完全有权自主决定自己的生活模式以及告别这个世界的方式。

61
生命之歌的终章

大卫·古德尔，一个在科学界留下深刻印记的名字，一个用一生诠释探索与奉献的科学家。自幼年起，古德尔便对周围的世界充满了无尽的好奇。他的求学之路，是一条不断探索与追寻梦想的旅程。从化学到生物学，他勇敢地跨越学科的边界，用无尽的知识欲望燃烧着自己的青春。1941年，帝国理工学院的博士学位见证了他在科学领域的成就。

1948年，古德尔漂洋过海，移居澳大利亚，开始了在这片新大陆上的科学探索。他凭借在生物学和化学领域的深厚造诣，为"二战"后的营养生理学研究注入了勃勃生机。他的研究成果不仅填补了学术空白，更为人类的健康事业作出了重要贡献。

五、安乐死

在科研领域之外,古德尔的生活同样充满了色彩与活力。他对网球的热爱,成为他释放激情、得到快乐的独特方式。球场上,他挥洒汗水,享受着运动的快乐与满足。他的笑容、他的活力,都让人感受到了他对生活的热爱与追求。直到90岁高龄,因心脏问题的困扰,他告别了心爱的网球,将那份对运动的热爱深藏心底。

命运似乎并不总是眷顾这位老人。当他因年岁过高被吊销汽车执照后,通勤方式的改变让他倍感艰辛。每周四次、一个半小时的公交地铁之旅,让他身心俱疲。更令他感到失落的是,伊迪斯科文大学出于安全考虑,礼貌地劝退了他。这一决定让他陷入了深深的抑郁之中,他开始怀疑自己的价值,担心自己成了学校的负担。然而,家人的支持与关爱让他重新找回了勇气与信心。在国内外媒体的关注下,学校最终取消了劝退决定,但古德尔的工作热情与活力却已大不如前。

随着年龄的增长,古德尔的视力逐渐下降,行动能力也大打折扣。一次意外的摔倒让他在床上躺了整整两天,无人问津。这次经历让他深刻意识到,自己已经不

潮爷潮奶：打开老年安乐生活的N种方式

再是那个可以独当一面的科学家了。他开始思考生命的意义与价值，最终做出了安乐死的决定。这一决定并非轻率之举，而是他在深思熟虑后的勇敢选择。他不愿意成为他人的负担，更不愿意在痛苦中度过余生。

2018年，104岁的古德尔在瑞士巴塞尔的一家诊所接受了安乐死的注射。在生命的最后一刻，他依然保持着尊严与优雅。他听着自己最爱的贝多芬的《欢乐颂》，在音乐的陪伴下平静地离开了这个世界。

回顾古德尔的一生，他无疑是一位伟大的科学家、一个勇敢的追求者。他用自己的生命之歌，告诉我们：每一个生命阶段都值得尊重与珍视，无论是璀璨夺目的光辉岁月还是平静如水的安宁晚年。老年人应以轻松平和的心态面对老年生活，顺其自然地接受衰老，以积极阳光的心态面对晚年，这样才能在生命的最后阶段，依然保持尊严与快乐。

62
比翼鸟

"在天愿做比翼鸟,在地愿为连理枝。"这一古老而美好的爱情誓言,曾在岁月的长河中被无数人传颂。谁能想到,在当今社会,竟真有这样的爱情故事,如璀璨星辰般闪耀,震撼着人们的心灵。

在比利时,道威和保拉这对相伴了将近70年的夫妻,用他们的生命书写了一曲爱的悲歌。90岁的道威被肺部疾病缠身,双眼渐盲,生活的光明在他眼前一点点消逝;89岁的保拉则饱受心脏疾病的折磨,生命随时可能凋零。他们携手走过的婚姻之路,每一个日子都浸透着浓浓的爱意,每一段回忆都闪烁着幸福的光芒。在他们心中,对方早已是自己生命的全部,没有彼此的世界,如同黑夜失去了星辰,荒芜而冰冷。于是,在家人

潮爷潮奶：打开老年安乐生活的N种方式

温暖的陪伴和祝福声中，他们平静地选择了共同接受安乐死。那一刻，他们的眼神坚定而安详，仿佛死亡只是另一段旅程的开始。他们紧紧相依，留下了最后一句深情的话语："我们携手走过人生道路，也一同离开。"这句简单的话，如同一把钥匙，打开了人们心中那扇关于爱情与忠诚的大门，泪水潸然间，敬意油然而生。

荷兰，那片充满诗意的土地上，也演绎着相似的爱情传奇。尼克和特里斯，这对均已91岁的老夫妻，携手走过了65年的风雨岁月。尼克因中风瘫痪在床，特里斯则被阿尔茨海默病的阴影笼罩，生活的磨难无情地考验着他们的爱情。他们深知，一旦一方先离去，留下的那个人将独自面对无尽的孤独与寂寞，在疗养院的日子如同被囚禁在黑暗的牢笼，那是他们无法想象的痛苦。

怀着对彼此深深的眷恋和担忧，尼克和特里斯共同签署了一份特殊的安乐死遗嘱。提前6个月，他们住进了临终诊所，如同两只相依为命的寒鸦，静静等待命运的裁决。在这最后的时光里，他们与亲人和朋友一一告别，每一个拥抱都饱含着不舍，每一滴泪水都诉说着牵挂。他们精心安排着自己的葬礼，仿佛那不是生命的终

五、安乐死

点,而是一场盛大的庆典。

安乐死的那一天,阳光温柔地洒在尼克和特里斯身上。他们彼此凝视,眼中只有对方的身影,仿佛世间万物都已消失不见。尼克艰难地抬起手,轻轻抚摸着特里斯的脸庞,特里斯则微微颤抖着,回应着他的爱意。他们倾诉着甜言蜜语,那些话语如同春天的花朵,绽放在彼此心间。最后,他们深情地吻别,那是一个跨越了时间和空间的吻,充满了一生的深情与眷恋。他们牵着手,平静地迎接死亡的降临,如同两只飞往天堂的比翼鸟,从此永不分离。执行安乐死的医生被他们的爱情深深打动,感慨地说道:"尼克和特里斯的爱情是独一无二的,我们不忍心他们一方独留,我们尊重这对爱了一辈子的夫妻。"

而在遥远的加拿大,乔治和雪莉的爱情故事则如同一部浪漫的电影,充满了激情与甜蜜。他们的相遇宛如命运的安排,一见钟情的火花在瞬间点燃。相识仅仅6天,乔治便鼓起勇气向雪莉求婚,而雪莉竟然毫不犹豫地答应了,仿佛她一直在等待这个命中注定的人。

在相恋相守的73年里,他们的生活如同一条宁静而

潮爷潮奶：打开老年安乐生活的N种方式

美好的河流，缓缓流淌，从未泛起一丝波澜。他们养育了四个孩子，日子在柴米油盐的琐碎中一天天过去，但爱情却如同一坛陈酿的美酒，越陈越香。每年的结婚纪念日，乔治都会精心为雪莉准备一份独特的礼物，每一份礼物都蕴含着他对雪莉深深的爱意。雪莉最喜欢的，是乔治亲手栽种的粉玫瑰。在明媚的阳光下，那娇艳欲滴的玫瑰与雪莉的笑颜相映成趣，成为他们爱情最美的见证。

乔治生日时，雪莉总会亲自为他制作生日蛋糕。那蛋糕里，不仅有香甜的奶油和松软的蛋糕坯，更有雪莉对乔治无尽的关怀与爱意。乔治品尝着蛋糕，心中满是幸福，他坚信这是世界上最甜美的食物。

然而，岁月终究是无情的。雪莉的身体逐渐被病魔侵蚀，类风湿关节炎让她的手肿得发紫，每一个动作都伴随着钻心的疼痛；心脏问题也接踵而至，一次心脏病发作，让她险些在手术台上失去生命。乔治守在手术室门口，心急如焚，老泪纵横。那一刻，他深深体会到，失去雪莉，他的世界将崩塌。当他终于能握住雪莉的手时，便泣不成声地说："求求你不要走，失去你我不知道

五、安乐死

怎么活下去。"雪莉用微弱的声音回应:"除了在你身边,我也不知道还可以去哪里。"

与此同时,乔治的身体也每况愈下,常常晕倒。在他95岁生日那天,女儿发现他倒在浴室里不省人事。他的心脏问题越发严重,他多次因感染住院。两人的病情如同两座沉重的大山,压得他们喘不过气来。但他们心中最恐惧的,始终是失去对方,以及失去对方后独自面对世界的痛苦。

在无数个日夜的思考后,他们共同做出了一个决定:申请安乐死,生生世世永不分离。当时,加拿大刚刚通过安乐死法案,仿佛是命运的安排,他们的爱情故事可以画上一个特殊的句号。经过评估,他们糟糕的身体状况符合标准。当他们将这个决定告诉儿女时,儿女们起初难以接受,他们无法想象没有父母的世界。但看着父母相依为命的样子,他们最终选择了尊重。

告别的时刻终于来临,烛光摇曳中,亲人们从各地赶来,围坐在他们身边。大家共进最后一次晚餐,回忆着初次见面的点点滴滴,每一个细节都弥足珍贵。他们与孩子们合影留念,眼中满是不舍与祝福。最后,雪莉

潮爷潮奶：打开老年安乐生活的N种方式

转头看着乔治，轻声问："你准备好了吗？"乔治温柔地回答："你准备好，我就准备好了，亲爱的。"说完，他给了雪莉一个深深的吻，那是他们此生最后一个吻，饱含着无尽的深情。

他们互相搀扶着走向床边，缓缓躺下。房间里响起了那首熟悉的乐曲，那是他们初遇时的旋律，每一个音符都勾起了美好的回忆。他们紧紧握着彼此的手臂，努力靠近，仿佛要将自己融入对方的生命。最后一次共同呼吸，他们的脸上洋溢着幸福的笑容，如同两只比翼鸟，携手飞向了天堂。

96岁的乔治和94岁的雪莉，用他们的一生诠释了什么是真正的爱情：一见钟情后的长相厮守，无论生死，永不分离。他们的爱情故事，如同一盏明灯，照亮了人们心中那片关于爱情的净土，让人们在这纷繁复杂的世界中，再次相信爱情的伟大与永恒，更加珍视眼前人，珍惜相伴的每一刻。

六、安乐歌

——要留给后人精神财富

63
无语良师

在医学的神圣殿堂里,有这样一群特殊的"老师",他们被尊称为"无语良师"。他们虽已逝去,却以另一种方式延续着生命的价值,为医学的进步和人类的健康默默奉献着自己的一切。

浙江大学那座无语良师碑,宛如一座不朽的丰碑,静静矗立在校园中。碑上镌刻着的600多个名字,是自20世纪80年代起,浙江大学所有遗体捐赠者的共同印记。每一个名字背后,都藏着一个令人肃然起敬的灵魂,一段动人心弦的故事。其中,陈锡臣与王梦仙这对百岁夫妇的爱情与奉献,如同一首悠扬的乐章,奏响了人间大爱的旋律。

他们自幼相识,青梅竹马的情谊在岁月的长河中

潮爷潮奶：打开老年安乐生活的N种方式

逐渐升华为深沉的爱情。陈锡臣考入浙江大学农学院，成为竺可桢的得意门生，而王梦仙则在上海工作。一封封跨越沪杭的书信，传递着他们对彼此的思念与爱慕。抗日战争烽火燃起，命运的轨迹将他们紧紧相连。陈锡臣随浙大西迁，在艰苦的环境中坚守学术研究，建立了中国第一个"作物标本区"。王梦仙则毅然踏上西行之路，历经饥寒交迫，终于开启了他们相伴一生的旅程。

陈锡臣在小麦研究领域辛勤耕耘，取得了累累硕果，王梦仙则在背后默默支持，扮演着贤妻良母的角色。岁月流逝，长期体弱多病让王梦仙饱受折磨，痛苦之下，她竟然萌生出一个无私的想法——将自己的遗体捐献出去，为医学研究贡献一份力量。陈锡臣得知后，毫不犹豫地表示与妻子同行。2016年，王梦仙安详离世，56天后，陈锡臣追随而去，他们的名字并排刻在无语良师碑上，他们成为永恒的伴侣。

遗体捐献，这项伟大的事业，对医疗卫生事业的发展有着不可估量的贡献。人体解剖、器官移植等医学领域的进步，离不开遗体捐赠者们的无私奉献。然而，在

六、安乐歌

传统观念根深蒂固的中国社会,让人们接受遗体捐献并非易事。"入土为安"的思想,如同一座大山,横亘在许多人心中。

2017年的短片《大体老师》,生动地展现了这一观念冲突。上海嘉定区的一户人家,老母亲重病缠身,她希望在死后捐献遗体,却遭到了二儿子的强烈反对,他无法忍受母亲的遗体被刀划过,坚持要为母亲购置一块好墓地,以尽最后的孝道。大儿子则认为应该尊重母亲的意愿,小女儿作为医生,在中间左右为难。这一场家庭内部的矛盾与挣扎,深刻地反映了社会对遗体捐献的复杂态度。尽管最终结局未明,但老人的勇气如同一束光,照进了人们心中那片未知的领域。

值得欣慰的是,越来越多有勇气、有大爱的老人站了出来。西安的张杰父母,生前便签署了遗体捐献同意书,他们一生尊重子女,在生命的最后时刻,也得到了子女的尊重。张杰虽有过短暂的抗拒,但最终选择了遵从父母的心愿,他深知,这是父母对生命价值的深刻理解,也是他们对社会的最后馈赠。

张正智和赵秋陵老两口,退休前从事医疗工作,深

潮爷潮奶：打开老年安乐生活的N种方式

知遗体捐献的意义。他们不顾儿子的反对，坚定地办理了捐献手续，希望在死后继续为医学事业贡献力量。他们的丧葬遗言，朴实而真诚，体现了老一辈人对生死的豁达态度和对社会的责任感。

蔡秀琴老人更是令人动容，她的老伴以及亲家两口子都已捐献遗体，她自己也毅然填写了申请表，决定追随亲人的脚步。她在纪念碑前的平静诉说，仿佛在讲述着一件再平常不过的事情，然而这背后的大爱与无私，却如同一股暖流，温暖着每一个听众的心。

合肥邮电新村小区的老人们，在吴朗的带动下，开启了遗体捐献的"接力赛"。吴朗在病床上的遗愿，如同一颗种子，在小区里生根发芽。7年间，小区里有20多位老人纷纷响应，其中8对夫妻携手同行，他们不仅捐献遗体，还成为志愿者，积极宣传遗体捐献知识，让这份大爱在社会上不断传扬。

这些遗体捐献者，来自不同的地方，有着不同的身份和背景，但他们都怀揣着一颗无私奉献的心。他们用自己的行动诠释了生命的另一种价值，打破了传统观念的束缚，为医学事业的发展注入了源源不断的力量。他

六、安乐歌

们的生命已经消逝，但他们的精神却永远在人间闪耀，让我们在感动与敬佩之余，也对生命的意义有了更深层次的思考。他们是真正的英雄，值得我们每一个人致以最崇高的敬意。

64
生态安葬

生态安葬以尊重生命、节约资源、保护环境为崇高使命，鼓励人们以更为温情、环保且诗意的方式，为生命画上一个圆满而意义深远的句号，使生命的谢幕与自然的韵律和谐共鸣。

壁葬，宛如一座沉默的生命之墙，静静伫立，却饱含深情。那墙壁内的井字形壁葬格，恰似一个个温暖的小巢，小心翼翼地接纳着逝者的骨灰盒，给予他们最后的安宁。石材封口的外表面，化作铭刻记忆的墓碑，碑上的每一笔刻痕，都如一缕细腻的情思，记录着逝者的一生，承载着生者的无尽眷恋。当指尖轻轻滑过那冰冷的碑石，仿佛能触摸到岁月的纹理，感受到往昔的欢声笑语与温暖瞬间，那些曾经鲜活的生命故事，在此时此

六、安乐歌

地得到永恒保存。

　　塔葬，仿若一座通向天际的神圣之塔，崇高而庄严。逝者的骨灰伴着缤纷的鲜花，缓缓飘落塔内，回归自然的怀抱，如同倦鸟归巢，宁静而安详。一座塔就像一座生命的宝库，拥有惊人的容量，超万例骨灰在这里轮回与交替。塔内壁上精心设置的格子，如同一个个私密的小天地，为每一位逝者打造了独一无二的安息之所。站在塔下，仰望着它直插云霄的身姿，心中不禁涌起一股敬畏之情，仿佛能听到岁月的悠悠长歌，诉说着生命的坚韧与不息，以及对永恒宁静的深深向往。

　　草坪葬，恰似一场东西方文化交融的盛大舞会，充满了诗意与浪漫的气息。逝者在此与芳草相依，融入大地的怀抱，实现了生命源于自然、归于自然的圆满旅程。那流畅的线条，是大自然挥洒出的优美乐章，奏响了生命的旋律；独具匠心的设计，弥漫着淡淡的忧伤与浓浓的追思之情。每一片随风摇曳的绿草，都仿佛是逝者温柔的化身，它们在微风中轻轻低语，诉说着那些被时光掩埋的生命故事。当人们漫步于这片宁静的草坪，仿佛能感受到逝者的温暖气息萦绕身旁，他们并未真正

潮爷潮奶：打开老年安乐生活的N种方式

离去，而是以一种无形的方式，与我们共同沐浴在阳光之下，共享这片大地的宁静与美好。

树葬，犹如一片生机勃勃的绿色海洋，洋溢着生命的活力与希望。人们怀着对自然的敬畏之心，以认养绿地的方式，亲手种下一棵棵象征着生命延续的树木，将亲人的骨灰轻柔地撒在树下。这片土地之上，不见传统殡葬设施的冰冷痕迹，唯有纪念树静静伫立，好似忠诚的守望者，标记着逝者的安息之所。每一棵茁壮成长的树木，都承载着生者对逝者的深情厚谊，它们在阳光雨露的滋润下蓬勃生长，如同逝者的生命在大自然中获得了新生。与日益高企的传统墓穴价格相比，树葬不仅以其低廉的成本给予生命尊严，更以其绿化大地的优势，让每一片树叶都成为生命的使者，每一阵清风都传递着生者对逝者的思念与祝福，使生命与自然在这片绿色的海洋中完美交融。

花葬，仿佛一座梦幻的花园，繁花似锦，美不胜收，充满了浓厚的人文关怀。花坛如诗如画，取代了传统墓穴的刻板与沉闷，特制的可降解骨灰盒悄然安卧其中，似乎在等待一场华丽的蜕变。花朵在其上肆意绽

六、安乐歌

放，红的似火，粉的如霞，白的像雪，每一朵都如逝者灿烂的笑容，在阳光的照耀下绽放出生命的光芒。坛位的循环利用，如同生命的轮回，生生不息，让这片花园永远充满生机与活力。漫步其间，花香四溢，沁人心脾，如同置身于仙境之中，所有的悲伤与哀愁都在这繁花似锦的美景中渐渐消散。这里，没有死亡的阴霾与恐惧，只有对生命的敬畏与赞美，让人们在与逝者温柔告别之时，也深深感受到生命的美好与永恒。

骨灰海撒，是一次勇敢无畏的灵魂回归之旅，是人类思想超越传统束缚的一大飞跃。人，生于自然，最终又回归自然，大海以其浩瀚无垠的胸怀，成为生命最后的也是最好的归宿。这一安葬方式，冲破了"入土为安"的古老观念枷锁，展现出人类对生死更为豁达和超脱的理解。骨灰如点点繁星，缓缓撒入大海，与波涛共舞，与生物为伴，成为大自然的一部分。海葬，不仅节约了宝贵的土地资源，为经济发展腾出空间，更是移风易俗的重要标志，彰显着社会主义精神文明建设的要义。站在高处，眺望那无边无际的蓝色大海，心中涌起一股澎湃的豪情壮志，仿佛能看到逝者的灵魂在海浪中自由翱翔，他们的情意如同大海般深沉辽阔，永远留存在人间，成为后人心中永不熄灭的灯塔。

　　生态公墓，是一片充满和谐与宁静的净土，是自然与人文的完美结合。它在生态系统承载范围内，运用多种工程方法和科学技术手段，挖掘资源潜力，构建起生态健康、景观适宜的殡葬环境与文明和谐的殡葬文化。人们漫步于公墓之中，如同置身于一座宁静的公园，与自然亲密接触，感受生命的宁静与美好。墓碑、雕塑、园林小品等人工设施，巧妙地融入环境之中，既保留了自然的韵味，又展现出现代殡葬文化的气息。它们像是一首首凝固的诗，诉说着生命的故事，让人们在缅怀逝者的同时，也能领略到艺术与文化的魅力。

　　生态公墓的建设是一个长期而渐进的过程，需要秉持可持续发展观，融合道法天然的自然观、巧夺天工的经济观和以人为本的人文观。它是对生命的尊重与呵护，是对自然的敬畏与感恩，让每一个生命的终点都成为一道美丽的风景，与自然共舞，与岁月同歌。

65
快乐墓园

在罗马尼亚西部马拉穆列什县那偏远而静谧的一隅,隐匿着一座童话世界般的"快乐墓园"。

走进墓园,犹如踏入一片梦幻花园。长方形的墓园中央,静静矗立着一座古朴的乡村教堂,宛如一位慈祥的老者,默默守护着这片安息之地。园内,墓碑整齐排列,间距恰到好处,似在进行一场庄重而又欢快的集会。墓碑与墓穴间,繁花似锦,绿草如茵,微风拂过,花草轻舞,仿佛在诉说着往昔的故事。整座墓园,高低错落的墓碑就像一群欢快的舞者,两米多高的身姿在阳光下闪耀着独特的光芒。墓碑顶部,十字架静静矗立,如同希望的灯塔,引领着逝者通往天国的方向。上半部的绘画浮雕,如同一扇扇通往逝者生前世界的窗户,生

潮爷潮奶：打开老年安乐生活的N种方式

动地展现着他们的音容笑貌与生平事迹；下半部的墓志铭，则如一首首深情的歌谣，轻轻吟唱着他们的喜怒哀乐。墓碑上，蓝色如深邃的天空，象征着希望与自由；绿色似蓬勃的生机，寓意着生命的不息；黄色若灿烂的阳光，代表着富饶与温暖；红色像燃烧的火焰，饱含着热情与活力。这些明亮欢快的色彩相互交织，如同一场盛大的狂欢，驱散了死亡的阴霾。而那以卡通画方式呈现的逝者样貌或生前场景的浮雕刻画，更是赋予了墓碑无尽的生机与童趣，让人仿佛看到逝者生前那鲜活的身影，正微笑着向人们诉说着往昔的点点滴滴。

　　这座墓园，恰似村庄生活的一面镜子，映照出每一个生命的独特轨迹。那些诙谐幽默的文字，宛如一把把神奇的钥匙，开启了一扇扇通往逝者内心世界的大门。牧师的墓碑上，或许刻着他在布道时的某个小趣事；农民的墓碑下，可能埋藏着他辛勤耕耘的汗水与欢笑；伐木者的碑文中，也许回荡着他在山林间的豪迈呐喊；商人的墓志铭里，大概记录着他在商海中的沉浮得失；学生的墓碑上，自然会留存着他在求知路上的憧憬与梦想；主妇的碑文中，定能找到她操持家务的温暖与辛劳；

六、安乐歌

醉汉的墓碑下，则可能隐藏着他那略带荒唐却又真实的人生片段。这些墓志铭，虽然文字质朴，甚至还有错别字，却如同一块块未经雕琢的璞玉，散发着最纯粹的人性光辉。它们与浮雕相得益彰，或讲述逝者的爱好，如那热爱烹饪的妇人，一生以美食慰藉家人；或提及职业，如勤劳的伐木者，用汗水换来了生活的保障；或抒发对人生的感悟，如那位知足常乐的智者，以简单的生活诠释了快乐的真谛；或给予后人警醒，如某位长者，用自己的经历告诫后人珍惜光阴；或传递对家人的嘱托与祝福，如父母对夭折婴儿的不舍与祈愿；又或坦然面对死亡的原因，如那些在岁月中安然离去的人们，平静地接受命运的安排。每一块墓碑，都是一段生命的传奇；每一则墓志铭，都是一首感人的诗篇。

这座墓园的创作人是当地的一位艺术家——斯坦·伊万·帕特拉斯。幼年便失去父亲的他，早早地扛起了家庭的重担，生活的苦难如暴风雨般向他袭来，但他心中的乐观犹如一盏明灯，始终照亮着前行的道路。他深入生活，与每一位顾客倾心交谈，倾听他们对逝者的思念与回忆，探寻他们心中对墓碑的期待与憧憬。他

潮爷潮奶：打开老年安乐生活的N种方式

怀揣着一个美好的梦想，希望能用快乐的方式，为逝者打造一个永恒的家园，让生者在缅怀中找到慰藉，让死亡不再被恐惧笼罩。于是，他以色彩为画笔，以图案为音符，在每一块墓碑上挥洒着自己的才华与情感，赋予它们独特的灵魂。直至1977年，生命即将走到尽头的他，依然怀着对生活的热爱与对艺术的执着，亲自完成了自己的墓碑。那略带伤感的墓志铭，就是一曲生命终章的悲歌，婉转低回中却又满溢着对生活的感恩与诚挚祝福：

> 从小时候起，人们就叫我帕特拉斯。善良的人们啊，请静静聆听我的诉说，我一生从不说谎。在我生活的每一个朝朝暮暮，我从未有过怨天尤人的时刻，我选择用一颗宽容善良的心，去祝福每一个渴望得到祝福的灵魂。回首往昔，在我所历经的那个苦难重重的世界里，我的生活亦布满了艰辛的荆棘。然而，我心怀希望，感恩每一份遇见，愿我的祝福如繁星，照亮他人前行的道路。

六、安乐歌

　　帕特拉斯离去后,学徒杜立普接过了这把艺术的火炬,继续在墓园中谱写着生命与死亡的乐章。如今,园内那超过1000块的独特墓碑,宛如1000多个欢快的音符,共同奏响了一曲曲震撼人心的生命欢歌。

　　快乐墓园,它以一种独特的魔力,让人们在这片安息之所,忘却了死亡的沉重与哀伤。人们漫步其间,看着那精美的彩绘,读着那幽默的碑文,嘴角不禁泛起微笑,眼中却又噙着感动的泪花。在这里,人们不再惧怕死亡,而是将它视为生命的另一种延续,一种通往更加美好生活的起点。它让生者更加珍视与逝者共度的每一段时光,那些美好的回忆,将在心中永恒闪耀。这座独特的墓园,如同阳光穿透阴霾,将生命的积极与乐观传递给每一位造访者,让人们在生与死的思索中,找到了那一抹温暖的希望之光。

66
亡灵节

获得第90届奥斯卡金像奖最佳动画长片的《寻梦环游记》，以其绚丽的画面、美妙的音乐和动人心弦的故事，深深触动了观众的心灵。影片中的米格，一个出身鞋匠家庭的12岁男孩，怀揣着对音乐炽热的梦想，却因家族的禁令而踏上了一段神秘莫测的旅程。当他意外踏入亡灵世界，那片多彩绚丽的奇幻之境令他震撼不已，而与太爷爷及其他祖辈们的重逢，更是为故事增添了无尽的温情与惊喜。这部影片的魅力不仅仅在于它跌宕起伏的剧情，更在于其深刻的主题——追求理想与关爱家人的完美融合，以及对死后灵魂世界的大胆创想，开启了人们内心深处对生命与爱的共鸣之门。

这部影片的创作灵感，源自墨西哥那独特而神秘的

六、安乐歌

传统节日——亡灵节。与其他文化中的同类节日一样，亡灵节也承载着人们对故去亲人的深深怀念，以及对未来美好生活的殷切期望。在中国，有庄重肃穆的清明节和神秘幽远的中元节；在西方，有充满奇幻色彩的万圣节。而墨西哥的亡灵节，则以其独特的时间设定和丰富的庆祝活动，展现出别样的魅力。每年的11月1日和2日，是亡灵节的核心时光，第一天，人们怀着满心的期待，迎接那些逝去的孩子们的归来；第二天，则张开双臂，拥抱故去的成年人。然而，节日的欢乐氛围早在10月中旬便已悄然弥漫开来，现代墨西哥人以一种细腻而温情的方式，为不同类型的亡灵安排了专属的"归家日"：10月28日，迎接那些因意外而早早离世的灵魂；29日，属于溺亡者的灵魂；30日，孤儿、罪犯以及那些被命运抛弃的亡灵将得到慰藉；31日，则是为那些尚未出生便消逝的胎儿准备的。在墨西哥人的心中，每一个灵魂都无比珍贵，都有人在默默惦记和深深想念。

亡灵节前夜，墨西哥的大地上弥漫着一种神秘而温馨的气息。夜幕降临，墨西哥家庭全体出动，手持枕头、被褥和丰盛的食物，如同一支支温暖的游行队伍，

潮爷潮奶：打开老年安乐生活的N种方式

缓缓走向亲人的墓地。他们在那里静静守灵，仿佛在与逝者进行一场跨越时空的对话。当午夜的钟声敲响，清脆的声音在夜空中回荡12下，那一刻，似有一种无形的力量打破了生死的界限，亡灵们如同倦鸟归巢，纷纷"回"到人间，与亲人们团聚。生者满怀思念，而逝者的灵魂亦在怀念着往昔的时光。在墨西哥人的眼中，万寿菊如同太阳洒下的金色光芒，是连接生死两界的神奇纽带。他们用万寿菊精心铺就一条欢迎回家的金黄色大道，那灿烂的颜色如同一束束温暖的阳光，照亮了亡灵归家的路。同时，他们还用万寿菊装饰祭台，在底部点上蜡烛，摆上亲人们的照片，那摇曳的烛光，如同逝者温柔的目光，注视着人间的亲人们。

亡灵节的主要活动在墓地展开，这里没有悲伤与哀愁，只有欢笑与温馨。人们带来了琳琅满目的食物和饮料，那些都是亲人生前最喜爱的美食。虽然名义上是为亡灵准备的，但最终都化作了生者味蕾上的欢乐。骷髅形状的糖和巧克力、别具一格的骷髅面包，还有那浓郁醇厚的龙舌兰酒，应有尽有。大家围坐在一起，欢声笑语，其乐融融，好像这不是一场祭奠，而是一场欢乐的

六、安乐歌

家庭野餐。孩子们在墓间嬉笑玩耍，大人们则分享着彼此的故事，回忆着与逝者共度的美好时光。在这里，死亡不再是冰冷的终结，而是生命的另一种延续，是一场充满爱的团聚。

墨西哥人对待死亡的态度，犹如一阵清风，吹散了死亡身上那沉重的阴霾。他们坚信，死亡并非生命的终点，而是一种补充，是生命周期中至关重要的一部分，其意义甚至超越了活着本身。在他们眼中，逝者生前无论地位显赫如星辰，还是平凡似微尘，都不重要。重要的是，彼此之间那份深厚的情感纽带，如同璀璨的项链，将生者与逝者紧紧相连。这种独特的观念从孩童时期便开始在他们心中扎根发芽，课本上的教诲如同涓涓细流，滋润着他们幼小的心灵，让他们对死亡形成了一种豁达而洒脱的看法。

在墨西哥，死亡不再令人恐惧和悲伤，而是让人联想到爱与怀念。而怀念逝者最好的方式，便是好好地生活，用积极乐观的态度面对每一天。正是这种超脱的情怀，使得墨西哥人愿意以盛大而热烈的庆祝仪式，去怀念已知的离去、迎接未知的死亡。每年的亡灵节，墨西

潮爷潮奶：打开老年安乐生活的N种方式

哥大地上都会奏响生命的欢歌，人们载歌载舞，通宵达旦，与逝去的亲人共同度过这一年一度的团聚时刻。他们在欢快的舞步中，在悠扬的音乐里，让生命与死亡共舞，让爱与怀念永恒。

67

凡人自传

  通常而言，大众往往默认有资格撰写自传之人必定是声名显赫之辈。诸如《从文自传》《林语堂自传》《杰克·韦尔奇自传》，还有稻盛和夫的《活法》，等等，此类著作如皓月当空，熠熠生辉，令人仰止。这些名人自传里所蕴含的深刻思想、奋斗征程以及饱含智慧的经验结晶是通向成功的不二法门，有力地叩击着无数读者的心灵，激发斗志，鼓舞前行。

  然而，在那敬佩与向往的涟漪过后，一丝疑问悄然在读者心间泛起：这些"大佬"的传奇人生与深刻感悟，对于身处平凡世界的我们，究竟有着怎样的价值与意义？他们的成就如巍峨高山，普通人仰之弥高，难以企及。于是，平凡老人所撰写的自传，如一束微光，悄

潮爷潮奶：打开老年安乐生活的N种方式

然照进了我们的心田，不仅格外接地气，也更能触动我们内心深处那柔软的一隅。

对于老年人而言，自传的书写不仅是一种文字的倾诉，更是一种心灵的寄托与精神的传承。湖北鄂州七里界村15组的胡茂平老人，便是这样一位用质朴文字书写平凡人生的践行者。88岁的他，仅念过几年私塾，文字功底有限，然而，那份想要完整记录自己一生经历的决心，却像一团燃烧的火焰，炽热而坚定。他的写作过程充满戏剧性，每当灵感突发时，无论是趴在床上，还是在屋外蹲着，他都会立刻拿起笔，将脑海中的回忆与感悟——记录下来。边学边写边改，他以顽强的毅力，努力拼凑出属于自己的人生图画。

胡茂平的自传，没有华丽辞藻的堆砌，更无波澜壮阔场景的渲染，如同一杯醇厚的香茗，在平淡中散发着迷人的韵味。他出身于贫苦农民家庭，12岁便痛失父亲，从此与母亲相依为命。在那寒风凛冽的冬日，母子二人顶着漫天风雪下湖挖藕的画面，成了他记忆中最为艰难的片段。"那是我这辈子最艰难的日子，但母亲的言传身教影响着我，我从心底体会到勤俭持家的重要性。"那

六、安乐歌

冰冷的湖水，刺骨的寒风，以及母亲坚毅的身影，都深深烙印在他的心中，成为他一生坚守的信念源泉。

新中国成立后，胡茂平积极投身于工作之中，协助干部开展土地改革，以满腔的热情为新中国的建设贡献自己的力量，并光荣地加入了中国共产党。随后的几十年间，他的足迹遍布焦枝铁路的建设工地。他见证了樊口大闸的雄伟崛起，担任抽水站站长期间，他更是全力以赴，防洪抗旱，守护一方百姓的安宁。退休后的他，并未选择安享晚年，而是继续在老年人事业的道路上发光发热。他不计个人得失，一心为村里义务工作，成为村民们心中的热心人。只要听闻哪位老年朋友遭遇困难，他总是想尽办法，不辞辛劳地前去帮忙解决。为了丰富村民的文化生活，他组建了一支舞蹈队，带领村民们在欢快的舞步中感受生活的美好。这支舞蹈队多次参加市里的比赛，为村庄赢得了荣誉，也为村民们带来了无尽的欢乐。闲暇时光，他热衷于看报、读书，不断充实自己的内心世界。村民之间发生纠纷时，他总是那个被大家信赖的调解人，凭借着自己的智慧与公正，化解了一场又一场的矛盾。老人满心欢喜地对记者何晓青说

潮爷潮奶：打开老年安乐生活的N种方式

道："我的3个儿子和2个女儿都很勤劳善良，为人正直，非常孝顺。孩子们在各自的工作岗位上兢兢业业，在生活中相亲相爱。现在趁身体还行，我写下自己的所思所感，希望百年之后，后辈人能时刻不忘初衷。与其当面嘱咐，不如写成文字，传于后人细细咀嚼，慢慢体会。"他的自传，是一份留给子孙后代最珍贵的精神遗产，字里行间都蕴含着对家族传承的殷切期望。

而在四川成都，龚勋惠的故事则如同一首激昂的生命赞歌，奏响了坚韧与爱的旋律。62岁的她，身患渐冻症，身体瘦弱不堪，只能窝在沙发的一角，那虚弱的后背，需要硬质的凉席才能勉强支撑。命运无情地剥夺了她的行动能力，她唯一能动的，只剩下那双戴着老花镜的眼睛。然而，就是这双眼睛，却透射出无比坚定的光芒。每天清晨8点，她都会准时坐在电脑前，微微摆动脑袋，用那仅存的力量，在电脑上艰难地打字。她在自己创建的"中华渐冻人之家"QQ群里，与1200多位病友相互陪伴，彼此鼓励。她就像一位守护天使，是病友们的"心理医生"和"知心老大姐"。她不断地向大家传递着积极乐观的信念，鼓励每一个人勇敢地与病魔

六、安乐歌

抗争到底。在经济并不宽裕的情况下，她还常常自掏腰包，资助群里那些困难的病友，用自己的爱与关怀，为他们送去温暖与力量。

龚勋惠在自传《美丽冻人——绝症中的坚守》中，坦诚地记录了自己与病魔斗争的心路历程。"'运动神经元病'是像癌症、白血病一样的五大绝症之一，正在我身上爬行……接下来我的身体会有什么样的变化呢？我的吞咽会有困难吗？我将吃不下任何东西吗？"她用平实的文字，将自己内心的恐惧与担忧毫无保留地展现出来，让读者仿佛能目睹病魔的狰狞。然而，她并未被恐惧所吞噬，反而在困境中绽放出迷人的笑靥："得了就得了，又从身上抹不脱。老天还没下死命令，我又何必将死挂在心头？面对痛苦时，给自己多一分坚强，多一分信念，多一分微笑！"她的乐观豁达，如同一股清泉，润泽着每一个读者的心田。"写自传不是想说自己有多么悲惨，而是想鼓励病友和生活中受到挫折的人，挫折让生命更坚韧。"她用自己的经历，为那些身处黑暗中的人们点亮了一盏明灯，告诉他们，无论生活多么艰难，只要心中有信念，就能在困境中找到前行的方向。

潮爷潮奶：打开老年安乐生活的N种方式

在大洋彼岸的美国，詹姆斯·阿鲁达·亨利老人的故事则如同一部励志传奇，书写着坚持与勇气的篇章。亨利出生于葡萄牙，后移居美国。他的人生充满了坎坷与挫折，小学3年级便辍学的他，文化水平的缺失如同一道无形的枷锁，在他90多年的人生旅程中，不断地给他带来困难与尴尬。他干过建筑工，在烈日下挥洒汗水，用自己的双手努力建造起一座座高楼大厦；当过面包师，在弥漫着面粉香气的烘焙坊里，为人们制作出美味的面包；还投身于拳击运动，在拳台上挥洒过热血与激情。后来，他在海上以捕捞龙虾为生，凭借着自己的辛勤劳作，亲手建造了房屋，用捕虾的收入艰难地养家糊口，将孩子抚养成人。这些经历，虽然充满了艰辛，但也成为他的宝贵财富，让他感受到了满满的成就感。然而，不识字始终是他心中难以言说的痛，是他羞于启齿的伤疤。在餐馆吃饭时，面对那写满菜品的菜单，他像面对天书一般，无能为力。因为看不懂菜单，他只能等待有人在前面点完餐，然后照单也要一份。如果没有人，他宁愿饿着肚子，也不愿放下自尊去请求帮助，这种无奈与窘迫，如同一把锐利的刀，时常刺痛着他

六、安乐歌

的心。

然而，命运的转折总是在不经意间降临。外孙女无意间为亨利读了作家乔治·道森写的《生命如此美好》，书中那位奴隶的孙子在98岁高龄时成功"脱盲"的故事，如同一颗希望的种子，在他心中生根发芽。亨利心中涌起一股强烈的自信：他能做到，我也可以！于是，这位年近百岁的老人，毅然踏上了艰难的学习之路。从一个字一个字地认读，到慢慢理解句子的含义，他付出了常人难以想象的努力。在扫盲志愿者的耐心帮助下，他终于能够将自己那些曾经引以为豪却一直无法用文字表达的人生片段，认认真真地写了下来，并出版了自传《以一名渔夫的语言》。如今，这本书已经售出3000册，他的故事成为激励无数人的力量源泉。康涅狄格州和加利福尼亚州的几所小学甚至将亨利自传节选列入阅读材料之中，让更多的孩子能够从他的经历中增加勇气与增强智慧。

这些平凡老人的自传，虽然没有名人自传的光环与荣耀，却以其真实、质朴和坚韧，深深打动了我们。他们用自己的一生，向我们诠释了生命的价值不在于功成

潮爷潮奶：打开老年安乐生活的N种方式

名就，而在于对生活的热爱、对他人的奉献以及对困难的不屈不挠。他们的故事如同一面面镜子，让我们在其中看到了自己的影子，也让我们明白，无论身处何种境地，只要心怀希望，勇于坚持，每个人都能书写出属于自己的精彩人生篇章。他们的自传，不仅是个人经历的记录，更是一种精神的传承，激励着一代又一代的人，在平凡的世界里，绽放出不平凡的光芒。

68
家风传承

"家是最小国，国是千万家。"在人类社会的宏大架构中，家庭宛如一个个微小却坚实的细胞，而家风，则是流淌于这些细胞中的精神血脉，悄无声息却又坚定不移地塑造着每一个家庭成员的灵魂。

家风，承载着世代相传的基因密码，如同家族灵魂深处的灯塔，指引着世世代代的家族成员践行与之相符的生活方式。"家风"，这一被称为门风的神秘力量，通常在父母或祖辈的身体力行、言传身教中孕育而生，它如同一个无形的道德模具，约束并规范着家庭成员的言谈举止，营造出一种独特的文化与道德氛围。这种氛围，拥有着强大到足以穿越时空的感染力，是家庭伦理与美德的集中展现，更是家庭成员道德水准的直观映

潮爷潮奶：打开老年安乐生活的N种方式

照。既能在思想的原野上为家庭成员划定道德的边界，又能推动着家庭成员在文明、和谐、健康、向上的康庄大道上不断前行、茁壮成长。

"世代相传"与"生活作风"，如同家风的双翼，使其得以在岁月的长河中翱翔。生活作风恰似一颗多面的钻石，分为价值认同与生活方式这两个熠熠生辉的切面。价值认同，无疑是生活方式得以确立的思想北斗，为其指引着方向；而生活方式，则是价值认同在日常生活中的生动演绎。唯有家族的世代子孙皆对祖先的价值观予以认同，才会在实际行动中践行与之相符的生活方式，从而让家风得以如火炬般代代相传。就如清正廉洁这一崇高的价值观，在家风的画卷中，勤俭持家便是其在生活方式层面的绚丽色彩。

追溯家风的起源，早在西晋时期，这一词语便已被提及。在中国古代，传统家庭犹如繁星点点，镶嵌于庞大的宗族星系之中，家族成员的日常行为无不受到族约的严格管束。这些族约，如同一部部凝聚着家族智慧的法典，其诞生往往源自族内德高望重长辈们的深思熟虑，其中蕴含着他们一生的为人处世哲学，也兼顾了社

六、安乐歌

会的风云变幻与公平正义的永恒追求。这些族约，无论是否以文字的形式镌刻于世，都散发着强烈的"法规"气息。家族成员出于对长辈的敬重与信赖，就像虔诚的信徒遵循教义一般，无条件地将其执行并传承下去。然而，族约并非僵化的教条，会随着家族的发展而演变。或许因族内优秀成员的横空出世，以他们的智慧与品德为族约注入新的活力；又或许是在家族优秀成员诞生之后，专门订立传世的家规、家训，为家族的未来航程指明方向。

北宋时期，司马光家族便是这一传承的典范。司马光出身世家大族，其远祖可追溯至西晋皇族安平献王司马孚，其父司马池亦官拜兵部侍郎、天章阁待制。这样的家族底蕴深厚，早有家规、家训的传承。司马光凭借自身的才华与品德，成为家族的杰出代表后撰写了《家范》这部著作。《家范》系统地阐述了家庭的伦理关系、治家原则，以及个人修身养性和为人处世之道，宛如一盏明灯，照亮了司马氏家族前行的道路，其中的思想也自此成为司马氏家族的家风，代代相传。

中国近代的家风传承呈现出一幅多元融合的画卷。

潮爷潮奶：打开老年安乐生活的N种方式

一方面，它是对传统文化的坚守与继承，如同一棵扎根于深厚土壤中的大树，汲取着无穷的养分；另一方面，它又张开双臂，热情地接纳西方先进思想。在那个风云变幻的时代，许多知识分子家庭犹如文化的桥梁，将东西方文化紧密相连。他们以"诗书传家"，深厚的传统文化底蕴在家庭中流淌。在面对西方思想的冲击时，他们没有盲目摒弃传统文化，而是在家风、家教中巧妙地融合二者。他们鼓励子女走出国门，学习西方先进的思想与科学技术，为子女插上飞向广阔天空的翅膀。梁启超家族便是其中的佼佼者，他的九个子女，在良好家风的熏陶下，个个成为栋梁之材，获得"一门三院士，九子皆才俊"的美誉。扬州吴氏家族同样令人赞叹，一门四杰，成为院士、文学家、医学家的他们在各自的舞台上绽放光彩，彰显着家风传承的力量。

步入新时代，家风传承绽放出更加绚烂的光彩，"红色家风"如同一面鲜艳的旗帜，引领着时代的风尚。红色家风，是老一辈无产阶级革命家和优秀共产党人在漫长的革命实践、社会主义建设与改革开放进程中铸就的家庭风尚，它是中国共产党人精神与优良传统的重要组

六、安乐歌

成部分，如同一座巍峨的山峰，令人敬仰。在河南省扶沟县大李庄乡，有一座烈士事迹陈列馆，它静静地诉说着一个普通农家"两烈士一将军"的悲壮而伟大的红色家风故事。张福林，这位英勇无畏的战士，在解放全中国的战场上，用一挺机枪击退敌人18次进攻，"钢铁战士"的称号实至名归。1951年，在修筑川藏公路的艰苦征程中，他不幸负伤。然而，在生命垂危之际，他心中想的不是自己，而是国家的利益。他拒绝打针用药，只为给国家节省一点钱，他的话语，如同洪钟大吕，在岁月的长河中回荡，震撼着每一个人的心灵。临终前，他用尽最后一丝力气，从衣兜里掏出仅有的钱币，交上最后一次党费，将26岁的年轻生命献给了伟大的事业。他的事迹，如同一座不朽的丰碑，永远铭刻在人们心中。以他名字命名的"张福林班"，继承了他的精神，转战西藏各地，在平息叛乱、边境自卫反击战、西藏民主改革和各项建设中，英勇奋战，先后有36名同志献出了宝贵的生命，全班29次荣立集体功。张福林牺牲后，弟弟张福立接过哥哥的接力棒，投身军旅。在西藏军区工作的36年里，他牢记家族吃苦耐劳、艰苦奋斗的好家风，

潮爷潮奶：打开老年安乐生活的N种方式

从一名普通士兵，一步一个脚印，成长为共和国的少将。张福林的四个侄子侄女，也深受家风的感染，纷纷参军入伍，在西藏、成都、重庆等地保家卫国。张福林的伟大，既源于党的悉心培养，更离不开家庭的熏陶。他的母亲薛桂芳，同样是一位英雄人物。作为扶沟城关北街妇联主任，她在1947年执行地下党组织交办的秘密任务时，不幸被国民党兵发现，英勇就义，年仅35岁。她的鲜血，染红了这片土地，她的精神，如同燃烧的火焰，激励着后人奋勇前行。

家风，这一跨越时空的精神纽带，将家族成员紧紧相连。它如同一首悠扬的老歌，在岁月的长河中传唱不息；又如同一盏明灯，照亮家族前行的道路；更如同一股清泉，润泽着每一个家庭成员的心田。无论是名门望族的赓续传承，还是普通百姓的默默坚守，家风都在时光的长河中汇聚成一股强大的力量，推动着社会的文明进步，书写着中华民族的壮丽篇章。

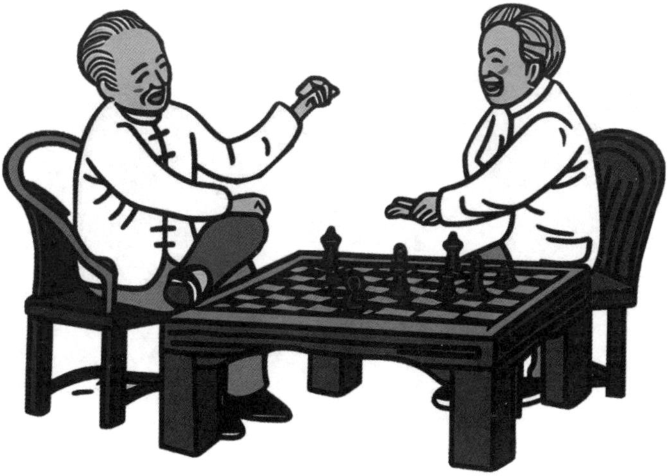